Joseph O'Connor

Heute ist mein Tag!

Außergewöhnliche Lösungen für alltägliche Probleme

 VAK CONCEPT

VAK Verlags GmbH
Kirchzarten bei Freiburg

Titel der englischen Originalausgabe:
Extraordinary Solutions for Everyday Problems. Simple Strategies that Work
© 1999 Joseph O'Connor
Erschienen bei: Thorsons, An Imprint of HarperCollinsPublishers, London, GB
ISBN 0-7225-3933-9

Bibliografische Information der Deutschen Bibliothek
Die Deutsche Bibliothek verzeichnet diese Publikation in der Deutschen Nationalbibliografie;
detaillierte bibliografische Daten sind im Internet über http://dnb.ddb.de abrufbar.

VAK Verlags GmbH
Eschbachstraße 5
79199 Kirchzarten
Deutschland
www.vakverlag.de

3. Auflage: 2006
© VAK Verlags GmbH, Kirchzarten bei Freiburg 2001
Übersetzung: Isolde Seidel
Lektorat: Monika Radecki
Illustrationen: Joseph O'Connor
Umschlag: Hugo Waschkowski
Satz und Druck: J. P. Himmer GmbH & Co. KG
Printed in Germany
ISBN-13: 978-3-932098-71-0
ISBN-10: 3-932098-71-4

Inhalt

Für meine Familie

Danksagung

an John Grinder und Richard Bandler, die das NLP begründeten, und an die vielen anderen, besonders an Robert Dilts, die es in den vergangenen 20 Jahren weiterentwickelt haben. An Carole Tonkinson, meiner Lektorin beim Originalverlag *Thorsons*, dafür, dass sie dieses Buch ermöglichte, an Elizabeth Hutchins, die (wieder) den Text wunderbar redigierte. Und an Philip Glass und Keali'i Reichel, deren Musik ich beim Schreiben sehr genoss.

Joseph O'Connor

Einleitung

Dies ist ein Buch für und über den Alltag. Es handelt davon, wie Sie die Gesellschaft mit sich selbst genießen, wie Sie gute Erfahrungen machen und wie Sie mit schlechten umgehen können. Wir erleben aufregende Zeiten, Freuden und Momente, in denen alles gut läuft, ebenso wie Frustrationen, ärgerliche Gewohnheiten und Momente, in denen es schlecht läuft. Wir können nicht erstere haben, ohne offen zu sein für letztere. Wir können jedoch unsere Reaktionen auf das, was uns widerfährt, recht gut kontrollieren.

Nehmen Sie als Beispiel das Thema Glücklichsein – wir alle wollen glücklich sein. Wie lassen Sie es sich gut gehen? Wahrscheinlich denken Sie bei dieser Frage an etwas, das Sie gerne tun. Aber diese Frage lässt sich auch noch anders deuten – es geht darum, wie Sie sich amüsieren, das Gefühl genießen, Sie selbst zu sein, unabhängig davon, was Sie tun, sich selbst genießen mit Ihrem Partner oder Ihrer Partnerin, Ihren Kindern, Freunden und Freundinnen oder allein. Ich würde dieses Buch gern all den Varianten widmen, es sich gut gehen zu lassen.

Als meine Tochter die vierte Klasse der Grundschule besuchte, ließ die Lehrerin die Klasse zu Beginn des Schuljahres einen Aufsatz schreiben mit der Überschrift „Wie ich die Sommerferien verbracht habe". Meine Tochter Frith schrieb über ihren Urlaub am Meer in Devon. Einige ihrer Freunde, so erzählte sie mir, waren an exotischen Orten. Ein Kind war zwei Wochen lang in Disneyland in Florida gewesen, ein anderes Kind war in Indien, andere an der spanischen oder französischen Riviera.

Die Lehrerin sammelte die Aufsätze ein und hatte große Freude daran, die Geschichten zu lesen. Alle hatten ihre Phantasie gefesselt, außer einer Geschichte. Tony, ein ungewöhnlich ruhiger Junge, hatte einfach geschrieben: „Ich war in Amerika und fand einige Töpfe in der Wüste. Dann verlief ich mich. Dann fanden mich meine Eltern und ich fuhr heim."

Nachdem die Lehrerin die Aufsätze zurückgegeben hatte, nahm sie den Jungen beiseite. „Tony", sagte sie, „ich habe deine Geschichte gelesen, aber ich konnte ihr nicht ganz folgen. Kannst du mir etwas mehr über deine Ferien erzählen?" Nach einigem guten Zureden erzählte Tony ihr, dass er nach Arizona in den Sommerurlaub gefahren war und dort mit seinem Vater an einer archäologischen Ausgrabungsstätte in der Wüste arbeiten durfte. Er hatte das Land, das Klima, die Farben, die Musik und das Essen geliebt. Er hatte einiges über die amerikanischen Ureinwohner erfahren. Eines Nachts war er in der Wüste spazieren gegangen und hatte sich verlaufen. Damals erkannte er nicht, in welcher Gefahr er sich befand. Er war besonders stolz darauf, wie er eine Klapperschlange fixiert hatte, und beschrieb die seltsamen Schuppen über ihren Augen. Die Lehrerin erschauderte – und war entzückt. „Tony, warum hast du denn das alles nicht geschrieben?", fragte sie. „Ich habe die eigentliche Geschichte geschrieben", sagte er. „Der Rest sind nur Details."

Alles Aufregende und Interessante im Leben liegt in den Details. Dieses Buch handelt davon, die Details, die Sie erleben, wertzuschätzen.

Kapitel 1
Außen- und Innenwahrnehmung

Ich mag die Geschichte, in der Sherlock Holmes und Doktor Watson einen Campingurlaub machen. Sie genossen ihre Tageswanderung in den Ausläufern der österreichischen Alpen und bei Einbruch der Dunkelheit schlugen sie ihr Zelt an einem geschützten Ort auf. Nachdem sie sich ihren Kanincheneintopf und eine Flasche Rotwein einverleibt hatten, schliefen sie beide ein.

In den frühen Morgenstunden erwachte Holmes, stöhnte einmal auf und stupste seinen schlafenden Freund an. „Watson", sagte er, „schnell, schau zum Himmel hinauf und sage mir, was du siehst!" Watson wurde mühsam wach. „Ich sehe Sterne, Holmes", antwortete er. „Unzählige Sterne." „Und was sagt dir das, Watson?", fragte Holmes.

Watson dachte einen Moment nach. „Nun, Holmes, aus dem rosa Licht der Morgendämmerung schließe ich, dass das Wetter heute gut wird. Ferner sagt es mir, dass es zahllose Sterne und Galaxien gibt und vielleicht Tausende von Planeten. Ich schätze, dass die Chancen für die Theorie, dass wir allein in der Galaxie leben, recht schlecht stehen. Und ich blicke hinauf und bin demütig, denn im Nachthimmel sehe ich das Werk Gottes. Was sagt *dir* dieser Ausblick?"

„Watson, du Idiot!", rief Holmes. „Jemand hat unser Zelt gestohlen!"

Manchmal ist das Leben so einfach, wie es aussieht. Ein englischer Satz lautet: Was man sieht, bekommt man (what you see is what you get). Doch oft erscheint das Leben verdammt kompliziert. Wir können nicht tun, was wir wollen, oder wenn wir es tun, dann wird es nicht so, wie wir es wollen. Wir verpassen Gelegenheiten und werden missverstanden. Andere Menschen tun nicht das, was wir wollen. Manchmal wissen wir nicht einmal, was wir selbst wollen – die Stimme der Vernunft flüstert uns in das eine Ohr und unsere Gefühle ziehen uns am anderen.

Wir suchen nach Zufriedenheit und Glück, so als ob das etwas ist, das sich draußen im Unterholz versteckt und wahrscheinlich gut getarnt ist. Es ist so leicht zu denken „Wenn ich nur diesen Freund [Partner/Arbeitsplatz/diese Kleidung/Geld] hätte, dann wäre ich glücklich". Doch wenn man es bekommt, dann befriedigt es uns vielleicht, aber es macht uns nicht glücklich. Das Geheimnis liegt darin, wie wir über unser Leben denken – egal was geschieht.

Ein Experiment: Innen- und Außenwahrnehmung

Führen Sie folgendes Gedankenexperiment durch:
- Denken Sie an ein angenehmes Erlebnis.
- Versetzen Sie sich zurück in dieses Erlebnis. Sehen Sie, was Sie damals sahen. Hören Sie, was Sie damals hörten. Genießen Sie die Erfahrung noch einmal, so intensiv Sie können. (Sie müssen keine gestochen scharfen inneren Bilder sehen, damit diese oder andere Übungen funktionieren. So, wie Sie Ihre inneren Bilder sehen, ist es gut. Wir alle machen uns innere Bilder, sonst könnten wir uns nicht erinnern, wo wir das Auto geparkt haben oder wie unsere eigene Eingangstür aussieht. Wir alle haben fotografische Erinnerungen, nur haben manche von uns einen qualitativ hochwertigeren Film in der Kamera.)
- Wenn Sie sich ganz in diese Erfahrung zurückversetzt haben, sehen, was Sie damals sahen, hören, was Sie damals hörten, dann fühlen Sie auch, was Sie damals fühlten.

Denken Sie nun noch einmal an dieses gleiche Erlebnis, nur betrachten Sie es diesmal von außen:

- Sehen Sie sich in dieser Situation von außen, so, als ob Sie einen Film oder ein Video von sich selbst anschauten.
- Wo sind jetzt Ihre Gefühle?

Wenn Sie aus dem Bild aussteigen, bleibt Ihnen Ihre Erinnerung an Ihre Gefühle. Sie haben vielleicht Gefühle zu dem Ereignis, aber von den ursprünglichen Gefühlen während des Ereignisses wird nur wenig übrig sein. Unsere Gefühle reagieren also auf das, was wir über eine Situation denken und wie wir über sie denken, wo wir mit einer Erfahrung ‚assoziiert‘ sind oder ob wir außerhalb von ihr stehen und eine eher ‚objektive‘, ‚dissoziierte‘ Sichtweise haben.

Diese zwei Arten zu denken sind kein mentaler Trick, den man irgendwie interessant finden kann; sie sind grundlegend unterschiedliche Arten des Erlebens. Manchmal ist man ganz mit dem beschäftigt, was man gerade tut – einen guten Film anschauen, ein köstliches Essen genießen oder guten Sex haben. Man ist wirklich ganz bei der Sache. Und die Zeit vergeht schnell – viel zu schnell. In der Rückschau können faktisch Stunden vergangen sein, ohne dass Sie das gemerkt haben.

Andererseits gibt es auch Zeiten, in denen Sie eher nachdenklich und distanziert sind. Hatten Sie jemals das Gefühl, nicht ganz ‚Sie selbst‘ zu sein, so als ob Sie ein wenig vom Geschehen um Sie herum entfernt waren, als ob Sie nur beobachteten, wie die Welt vorbeizog? Distanziert könnten Sie sein, weil Sie etwas tun, das Ihnen keinen Spaß macht. In diesen Situationen schleicht die Zeit dahin. Das ist eine Ironie des Lebens: Wenn Sie etwas wirklich genießen, dann erleben Sie eine ‚schnelle Zeit‘. Wenn Sie sich langweilen, erleben Sie eine ‚langsame Zeit‘ – und je stärker Sie sie zu beschleunigen versuchen, desto langsamer scheint sie zu vergehen.

Als ich jung war, besuchte meine Familie gelegentlich entfernte Verwandte. Ich musste mitkommen, damit sie mir erzählen konnten, wie sehr ich gewachsen sei. Ich bin sicher, dass diese Verwandten interessante Leute waren, aber für einen Achtjährigen war dieser Besuch der allerlangweiligste Tag des Jahres. Ich wäre vor Freude in die Luft gesprungen, wenn ich Gelegenheit gehabt hätte zuzuschauen, wie Farbe trocknet. Stattdessen saß ich auf einem Sessel mit einem klumpigen Kissen, während das Gespräch um mich herum dahinplätscherte, und starrte auf die große braune Uhr an der gegenüberliegenden Wand mit dem Wunsch, sie anzutreiben. Diese komische schwerfällige Uhr, die zu einer parallelen Welt gehörte, in der die normalen Gesetze der Bewegung nicht galten, schien genau hierher zu passen. Später nannte ich den Ausflug „den Tag, an dem die Erde still stand".

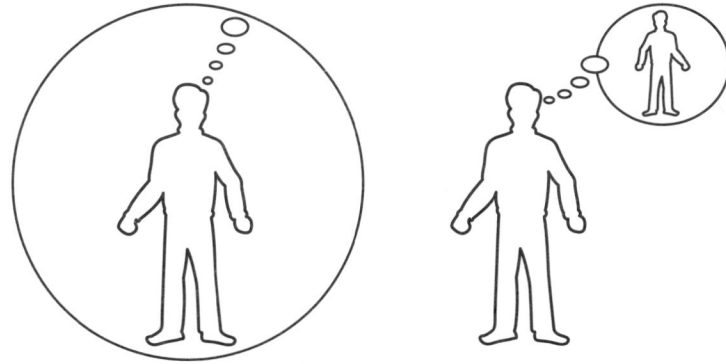

Innen- und Außenwahrnehmung.

Wir alle können in Gedanken versunken sein oder in Gedanken „außen vor" stehen; ebenso können wir mitten in unserem Erleben sein und unsere „Gefühle raushalten". Wir bewegen uns täglich ganz natürlich zwischen diesen Zuständen hin und her. Keiner ist besser als der andere, es kommt allein darauf an, was man will. Vielleicht kennen auch Sie Menschen, die nur an der Gegenwart interessiert sind. Es ist ungeheuer unterhaltsam, mit ihnen zusammen zu sein, aber sie planen nicht, sie denken nicht viel an die Zukunft, sie reflektieren ihr Handeln nicht viel, kommen gewöhnlich zu spät zu Verabredungen und sie sind immer mitten im Geschehen. Dann gibt es andere, die sind genau das Gegenteil – sie überlegen und planen jeden Schritt, sind vorsichtig, sorgen für die Zukunft vor und kommen gewöhnlich pünktlich zu Verabredungen. Spontaneität ist für sie ein Wort mit zwölf Buchstaben, etwas, das es sorgfältig zu bedenken gilt. Wenn Sie eine gute Party feiern wollen, machen Sie das mit der ersten Sorte von Leuten. Wenn Sie Ihr Geld anlegen wollen, gehen Sie zur zweiten Sorte von Menschen.

Man merkt oft, wenn andere Menschen ganz in ihr Erleben vertieft sind – sie neigen sich dann etwas nach vorn; manchmal sieht es so aus, als ob sie versuchen, in ihre jeweilige Tätigkeit richtig ‚hineinzusteigen'. Wenn Sie sehen, dass sich jemand zurücklehnt, vielleicht sein Kinn reibt und recht gedankenvoll dreinschaut, dann ist er wahrscheinlich außerhalb seines Erlebens und denkt über ein Ereignis aus der Distanz nach.

Auch unser Sprechen spiegelt oft diese beiden Arten zu denken und zu handeln wider. Wenn man beispielsweise „von etwas ganz gefangen", „ganz dabei" und „im Fluss" ist, beschreiben diese Wendungen buchstäblich, dass wir mit einem Ereignis assoziiert sind. Wenn wir andererseits uns „zurücklehnen können", „außen vor stehen" oder „keine Berührungspunkte sehen", zeigt dies, dass wir außerhalb sind.

Für ein ausgewogenes Leben brauchen wir beides. Die Frage ist, wann Sie sich im Laufe Ihres Tages in die Ereignisse begeben und bei welchen Sie draußen bleiben? Bei Ihren Vergnügungen? In frustrierenden Situationen?

Vergnügen – und wie man es genießen kann

Am meisten hat man von seinen angenehmen Erlebnissen, wenn man direkt in ihnen ist. Seien Sie in Ihrem Körper! Achten Sie dabei auf die Welt um Sie herum, nicht auf Ihre Gedanken über sie. Immer wenn Sie auf die Welt um Sie herum achten, befinden Sie sich in Ihrem Erleben und sind im Hier und Jetzt. Ihr Gehirn erzeugt vielleicht Gefühle, aber Ihr Körper empfindet sie. Das Gehirn an sich empfindet nicht. Achten Sie auf das, was Sie sehen, hören und fühlen (vielleicht auch auf das, was Sie schmecken und riechen), oder genießen Sie einfach all die angenehmen Empfindungen. Seien Sie ganz da und dabei, immer wenn Sie Sex haben, gut essen, in der Sonne spazieren gehen ...

Auch wenn Sie etwas üben, müssen Sie in der Erfahrung sein. Wenn Sie im Tennis Ihre Rückhand üben oder beim Golf Ihr Putten, sollten Sie mit Ihrer Aufmerksamkeit ganz dabei sein. Sie sollten dann nicht darüber nachdenken oder, noch schlimmer, in Ihrem Kopf selbstkritische Kommentare abspulen. Heben Sie sich Ihre Beurteilung und Ihre Verbesserungsvorschläge für später auf, mindestens bis nach dem Schlag.

Heraustreten

Eine andere Ironie des Lebens besteht darin, dass Sie in dem Moment, in dem Sie versuchen, etwas zu genießen, es bereits nicht mehr genießen. Genießen ist wie Schlafen, Lachen und

Spontansein; der Versuch, diese Erfahrung zu fassen, rückt sie in die Ferne und Sie verlieren sie. Deshalb wissen Sie nie, welches der glücklichste Tag Ihres Lebens ist, wenn Sie ihn gerade erleben. Um zu wissen, welcher der schönste Tag ist, müssen Sie ihn mit anderen, weniger schönen vergleichen und das können Sie nur, indem Sie zurücktreten. Der Moment, in dem Sie beginnen, etwas einzuschätzen, zu messen und zu vergleichen, bringt Sie weg davon, in dem Erlebnis zu sein, dahin, dass Sie über das Erlebnis nachdenken. Dann sind Sie nicht mehr darin. Wenn Sie nicht mehr darin sind, können Sie es nicht mehr so vollständig genießen.

Eine Position außerhalb ist nützlich, um zurückzublicken, zu reflektieren oder zu planen. Sie empfiehlt sich auch, wenn Sie von unangenehmen Gefühlen loskommen oder ein Problem aus einem neuen Blickwinkel betrachten wollen. Haben Sie zum Beispiel je darauf geachtet, was passiert, wenn Sie in ein schwieriges Telefonat vertieft sind? Das Wort „vertieft" verrät schon alles. Wenn Ihnen jemand am Telefon zusetzt, lehnen Sie sich wahrscheinlich vor und lassen sich in das Problem hineinziehen. Lehnen Sie sich das nächste Mal zurück, wenn Sie auf einem Stuhl sitzen, oder richten Sie sich auf, wenn Sie stehen. Ziehen Sie sich buchstäblich von Ihren Gefühlen zurück, dann werden Sie nicht so sehr in das problematische Gespräch verwickelt.

Das funktioniert auch, wenn Sie das nächste Mal kritisiert werden. Treten Sie aus der Gegenwart heraus. Das nimmt der Situation die Spitze und gestattet Ihnen, sie gelassener zu beurteilen. Kritik kann, ob sie nun berechtigt oder unberechtigt ist, schmerzhaft sein; treten Sie deshalb einen Augenblick zur Seite, um leichter den Inhalt der Botschaft (der wertvoll sein kann) von der Art, wie sie vermittelt wurde (sie mag flegelhaft gewesen sein), zu trennen.

Mit Stress umgehen

Eine natürliche Reaktion auf Stress besteht darin, sich zu distanzieren. Ein schlimmer Schock lässt Sie sich distanziert und irgendwie unwirklich fühlen; Sie fühlen sich vielleicht wie ein Zombie. Ich erinnere mich noch an den Schock, als ich mein erstes Auto zu Schrott fuhr – und mich fast dazu. Ich war sehr stolz auf das Auto, einen *Triumph Herald*. Es war mein Stolz und meine ganze Freude. Als ich eines Tages bei Regen nach links auswich, verlor ich die Kontrolle und geriet ins Schleudern. Ich war nie vorher ins Schleudern geraten und wusste zwar theoretisch, dass man in Schleuderrichtung lenken muss, doch in dem Sekundenbruchteil, in dem ich reagieren musste, konnte ich mich nicht dazu überwinden. Ich kann nun aus Erfahrung behaupten, dass der Versuch, einen Wagen durch Gegensteuern unter Kontrolle zu bringen, die Sache nur verschlimmert. Dieses erste Mal war ich einen recht langen Sekundenbruchteil lang völlig der Schwerkraft ausgeliefert, bevor der Wagen auf dem Dach mitten auf der Fahrbahn entgegen der Fahrtrichtung zum Halten kam. Die Windschutzscheibe schoss wie ein Sektkorken heraus und flog 50 Meter weit. Ich krabbelte durch die zerbrochene Heckscheibe heraus und nur mein Arm war leicht aufgeschürft. Eine korpulente Frau in einem grünen Kleid aus dem Haus gegenüber eilte herbei und bot mir ganz nach englischer Manier eine Tasse Tee an. Darüber musste ich sehr lachen und sie hielt mich wahrscheinlich für hysterisch. Meine nächste Erinnerung ist erst wieder die Untersuchung im Krankenhaus. Danach gelangte ich irgendwie nach Hause und lief für den Rest des Tages wie im Traum in meiner Wohnung herum, während ich meine Freunde zu überzeugen versuchte, dass ich nur mit knapper Not davongekommen sei. Sie dachten, ich übertreibe, weil ich keinerlei Begeisterung für meine Geschichte empfinden konnte. Ich hatte das Gefühl, ich sei unter Wasser, wo die Bewegungen langsam geschehen und alles etwas verzerrt ist.

Je größer der Schock, desto distanzierter das Gefühl und desto länger hält dieses Gefühl an. Mit diesem Zustand schützen wir uns vor schwierigen Emotionen; er ist unsere natürliche Reaktion auf Schock oder Schmerz. Er ist nützlich, weil er den Schmerz im akuten Moment reduziert und uns davor bewahrt, ihn im Nachhinein immer wieder zu erleben – aber langfristig gesehen ist dieser Zustand nicht gut. Manche Menschen betrachten das Leben gewohnheitsmäßig aus der Distanz, manchmal, weil sie in der Kindheit emotional verletzt wurden. Sie lassen sich auf nichts ein – man kann nur emotional verletzt werden, wenn man in einem Erlebnis ist. Außen zu bleiben ist deshalb eine Art, weiteren Schmerz zu vermeiden. Dummerweise hat dieses Erleben seinen Preis – wenn man sich nicht voll auf die guten Erfahrungen einlässt, kann man sie nicht total genießen.

Die beste Art zu leben besteht darin, zu wählen, von welchen Erlebnissen man sich dissoziieren will und in welche man sich assoziieren will. So kann man sich viel emotionalen Schmerz schlimmer Erlebnisse ersparen, während man das Vergnügen der guten Erfahrungen bewahrt.

Schmerz hinter sich lassen

Die Fähigkeit zu dissoziieren lässt sich auch bei körperlichem Schmerz anwenden. Als gutes Beispiel fällt mir dazu sofort der Zahnarztbesuch ein. Einer meiner Freunde hat eine Strategie, die bei ihm gut funktioniert, wenn etwas an seinen Zähnen gemacht werden muss, er aber keine Spritze will. Wenn er sich in den Zahnarztstuhl legt, stellt er sich in Gedanken vor, dass er sich von seinem Körper distanziert. Um auszusteigen stellt er sich vor, eine lange Leiter hinabzusteigen. Dies nimmt einige Zeit in Anspruch und er visualisiert dabei alle Sprossen. Wenn er am Ende der Leiter angelangt ist, ist er außerhalb seines Körpers; er sucht sich eine entfernte Zimmerecke, von der aus er alles genau beobachten kann. Tatsächlich ist er nirgendwohin gegangen, außer in einen anderen Bewusstseinszustand. Der Zahnarzt macht sich an die Arbeit. Manchmal meint mein Freund, dass er etwas in seinem Mund spüren könnte, dann stellt er sich vor, in seinen Körper zurückzuschweben und die Leiter wieder hinaufzusteigen. Aber die Leiter ist so hoch und es dauert so lange, sie hinaufzusteigen und wieder in seinen Körper zurückzukehren, dass der entscheidende Moment gewöhnlich schon wieder vorüber ist, wenn er die Hälfte der Leiter hinaufgeklettert ist; deshalb kann er wieder hinuntersteigen und sich zu seinem Aussichtspunkt in der Zimmerecke begeben. Am Ende der Behandlung macht er sich wieder auf den langen Weg zurück in seinen Körper.

Ich habe diese Methode auch ausprobiert, sie funktioniert recht gut, aber ich ziehe einen Aufzug der Leiter vor, weil ich dann die Poster an der Wand betrachten kann, während ich mühelos davonschwebe.

Aus Erfahrungen lernen

Die dissoziierte Position ist auch die beste Position, um aus Erfahrungen zu lernen. Wir können nicht aus Erfahrungen lernen, wenn wir sie nicht überdenken und reflektieren. Im entscheidenden Augenblick reagieren wir – die Reflexion ist eine eher geruhsame mentale Reaktion.

Wir lernen nicht notwendigerweise immer aus unseren Erfahrungen. Wenn das der Fall wäre, würden wir nicht die gleichen Fehler zweimal machen; wir würden andere Fehler machen. Es gibt den Ausspruch, dass, wer nicht aus der Geschichte lernt, dazu verurteilt ist, sie noch einmal zu erleben – und das gilt für die persönliche Geschichte ebenso wie die von Nationen. Wenn Sie feststellen, dass Sie einen Fehler immer wieder machen, ist das eine Aufforderung, die Geschehnisse einmal auf eine neue Art zu betrachten.

Manche unserer Fehler können so schlimme Konsequenzen haben, dass sie uns noch Jahre später zusammenzucken lassen. Oft sind wir umso weniger bereit, eine Situation anzuschauen, je mehr wir aus ihr lernen könnten. Wenn Ihre alten Fehler Sie immer noch zusammenzucken lassen, dann erinnern Sie sich so an sie, als ob Sie aktuell in dem alten Erlebnis wären. Das ist der Grund dafür, dass Sie die unangenehmen Gefühle wieder erleben. Um aus einem Fehler zu lernen, müssen Sie ihn objektiver betrachten.

Den folgenden Prozess können Sie nutzen, um aus allen möglichen Fehlern oder peinlichen Situationen zu lernen.

Ein Experiment: Den inneren Film verändern

Ein Fehler zeigt einfach, dass Sie eine Situation falsch aufgefasst haben. Er ist eine Gelegenheit, die Situation anders, besser wahrzunehmen.

- Beginnen Sie mit einer gelassenen Haltung, in der Sie sich zurücklehnen und entspannen. Sie werden gleich eine private Vorführung eines interessanten Lehrfilmes erleben.
- Denken Sie an die Situation zurück, aus der Sie lernen wollen. Stellen Sie sicher, dass Sie emotional außerhalb der Situation sind. Mit anderen Worten, sehen Sie sich selbst damals in der Situation, ohne dort zu sein. Spielen Sie Mäuschen.

- Beobachten Sie sich selbst in der Situation. Sehen Sie die ganze Vorstellung in Ihrer Phantasie wie ein persönliches Video. Es geht Ihnen gut damit, denn Sie befinden sich jetzt außerhalb des Filmes. Falls Sie zu irgendeinem Zeitpunkt in die alten Gefühle hineinzurutschen beginnen, stellen Sie sich einfach vor, wieder aus der Situation herauszutreten. Sie betrachten sie nur, Sie sind nicht darin.
- Wenn Sie es einmal ganz angeschaut haben, halten Sie das Video an. Stellen Sie sich folgende Frage: Was wollte ich in dieser Situation eigentlich erreichen?
  Dafür gibt es drei Möglichkeiten:
  1. Vielleicht waren Sie sich damals nicht im Klaren darüber, was Sie wollten. Dann ist es kein Wunder, dass Sie es nicht erreichten.
  2. Vielleicht wussten Sie, was Sie zu tun versuchten, aber Sie sind es nicht richtig angegangen.
  3. Vielleicht war das, was Sie damals wollten, der Situation nicht angemessen. Das könnten Sie jetzt auf den neuesten Stand bringen.

Überlegen Sie auch folgende Fragen: Welchen Rat würden Sie sich rückblickend selbst in jener Situation geben? Was können Sie aus der Begebenheit lernen, damit sie sich so nicht wieder ereignet? Wie sollte sie stattdessen Ihrem Wunsch nach verlaufen? Was Sie damals taten, hat nicht funktioniert. Wenn es in anderen Situationen funktionierte, was war der entscheidende Unterschied, warum es damals nicht funktionierte?

- Jetzt ist es an der Zeit, Ihre mentale Videokassette zu überarbeiten. Stellen Sie sich vor, Sie erleben die Begebenheit erneut und handeln diesmal anders. Sehen Sie, wie sich die Situation auf eine Art löst, die für alle Beteiligten besser ist.

- Dann schalten Sie Ihren inneren Bildschirm aus.
- Experimentieren Sie so lange mit verschiedenen Szenarien, bis Sie mit einem zufrieden sind. Wiederholen Sie das mindestens dreimal und schalten Sie dabei Ihren Bildschirm nach jedem Durchlauf aus.
- Steigen Sie bei der vierten Wiederholung in Ihr Bild ein. Stellen Sie sich wieder in der Situation vor. Durchleben Sie sie noch einmal auf die Art, die Sie eben ausprobiert haben. Befolgen Sie Ihren eigenen Rat und handeln Sie anders als in der ursprünglichen Situation. Ist das jetzt so in Ordnung?
- Falls nicht, gehen Sie noch einmal zurück zum ursprünglichen Film und prüfen Sie, was Sie noch lernen können und welchen weiteren Rat Sie sich geben können! Wenn Sie mehrere Ideen haben, steigen Sie wieder in die Situation ein und befolgen Sie den neuen Rat.
- Fahren Sie damit fort, bis sich die Situation zu Ihrer Zufriedenheit entwickelt.

Durch diesen Prozess werden Sie einige neue Vorstellungen davon bekommen, wie Sie künftig Fehler vermeiden können. Es gibt natürlich keine Garantie dafür, dass eine andere beteiligte Person in Ihrer gedanklichen Vorstellung sich auch real ändert, aber es wird ihr schwer fallen, wieder so zu reagieren, wenn Sie sich ändern. Da Sie wissen, was nicht funktioniert hat, könnte fast jede Veränderung eine Verbesserung darstellen!

Ich habe diesen Prozess angewendet, um zum Beispiel die Streitereien, die ich früher mit meiner Tochter hatte, näher zu betrachten. Eine der schlimmsten Ironien des Lebens besteht darin, dass man sich selbst dabei ertappt, seine Kinder so zu behandeln, wie man von seinen eigenen Eltern behandelt wurde – und das damals sehr verabscheute. Meine Eltern pflegten an mir herumzunörgeln, ich solle mein Zimmer aufräumen, und ich ertappte mich dabei, genauso mit meiner Tochter umzugehen. Sie bestand darauf, dass das ihr Raum sei und sie dafür verantwortlich sei, wie es darin aussehe. (Ich erinnere mich daran, dass ich eben dieses Argument vor vielen Jahren meinen Eltern gegenüber vergeblich anführte.) Eine der Überraschungen für Eltern besteht darin, dass sie selbst vehement den Standpunkt vertreten, gegen den sie als Kind heftig opponierten. Meine Tochter und ich stritten also über den Zustand ihres Zimmers genauso wie ich mit meiner Mutter über den Zustand meines Zimmers gestritten hatte, bis mir zwei Sachen auffielen: Auf eine unklare Art wollte ich es ihr heimzahlen. Warum sollten meine Kinder den Luxus unaufgeräumter Zimmer genießen, den ich nicht genossen hatte? Zweitens: Worum es mir wirklich ging war, dass ich besser mit dem Zustand ihres Zimmers zurechtkommen wollte. Außerdem wollte ich, dass sie alles gut im Griff hat. Ich hatte dabei allerdings „alles im Griff haben" mit „ordentlich" verwechselt. Ich ließ mein inneres Video unseres Streits ablaufen und erkannte viele Möglichkeiten, wie ich das erreichen konnte, was mir wichtig war, ohne einen Streit heraufzubeschwören.

Ich setzte das mentale Üben auch ein, um aus meinem Autounfall zu lernen. Ich ließ das innere Video meines sich schleudernden Autos ablaufen und schaute von außen zu. Ich ließ mich als Fahrer in die Schleuderrichtung lenken und stellte mir vor, wie ich wieder Kontrolle über den Wagen bekam. Dann stieg ich in den Film ein und übte den Vorfall einige Male auf diese Weise, wobei ich jeweils in die Schleuderrichtung lenkte und dabei das Auto unter Kontrolle bekam. Ich glaube, diese gedankliche Übung war sehr nützlich, weil ich jetzt viel mehr Erfahrung damit habe, beim Schleudern richtig zu handeln, als damit, falsch zu handeln. Diese Fertigkeit wird auch in Fahrsimulatoren gelehrt, aber wir alle haben den komplexesten Simulator in unserem Kopf – unendlich anpassungsfähig, immer zur Verfügung und kostenlos.

Den Erfolg proben

Wenn Sie mental üben, erwünschte Ereignisse vorwegzunehmen, bereiten Sie Ihren Verstand und Körper darauf vor, dass diese Ereignisse eintreten. Sie können diesen Prozess für sich arbeiten lassen, nicht gegen sich. Wir machen uns oft selbst nervös, indem wir gedanklich unser Versagen proben. Wir stellen uns eine Katastrophe vor, steigen in diesen Gedanken ein und erschaudern. Kein Wunder, dass wir nervös sind. Sie denken vielleicht, es sei nicht realistisch, sich Erfolg vorzustellen. Nun, das ist ebenso realistisch, wie sich Versagen vorzustellen. Sie wissen nie, was geschehen wird, deshalb können Sie nur im Voraus sicherstellen, dass alles möglichst gut verläuft.

Ein Experiment: Mentales Üben

* Wenn Sie mental eine Sportart üben wollen, dann beobachten Sie jemanden, der ein gutes Vorbild für die Fertigkeit ist, die auch Sie können wollen und die Sie bei ihm kopieren können. Vielleicht haben Sie ein reales Vorbild, ein Rollenmodell. Schauen Sie sich Ihr Rollenvorbild auf Video an, wenn das möglich ist; sonst schauen Sie ihm auf Ihrer inneren Leinwand zu. Ein real existierendes Rollenvorbild ist aber nicht entscheidend – Sie können sich ebenso gut auch vorstellen, wie die Fertigkeit aussieht, wenn sie gut ausgeführt wird.
* Steigen Sie dann in Ihren gedanklichen Film ein und stellen Sie sich vor, diese Tätigkeit selbst auszuführen. Erleben Sie die Erfahrung von innen. Verschaffen Sie sich ein Gefühl davon, wie Sie sich dabei fühlen, diese Tätigkeit wirklich aus-

zuführen. (Diese Gefühle entstehen aufgrund von Mikrobe-
wegungen der Muskeln; Sie bringen durch Ihre Vorstellung
Ihre Muskeln dazu, sich auf die gewünschte Weise zu bewegen.)
- Üben Sie die Bewegung mindestens zehnmal in Ihrer Vorstellung.

Sie können mit diesem Prozess jede Handlung mental üben:
- Stellen Sie sich zuerst vor, wie sie ablaufen soll.
- Machen Sie sich als Zweites ein gedankliches Bild davon, wie
sie abläuft, und betrachten Sie diesen Ablauf von außen.
- Wenn Sie damit zufrieden sind, steigen Sie in die Erfahrung
ein und stellen Sie sich vor, die Handlung selbst auszuführen.
- Üben Sie das in Ihrer Vorstellung so oft wie möglich.

Dieser Prozess ist in vielen Bereichen sehr nützlich – beispielsweise bei schwierigen Besprechungen, im Sport, bei Prüfungen,
in anspruchsvollen gesellschaftlichen Situationen und bei Vor-
stellungsgesprächen.

Es ist Ihre Erfahrung ...

Genießen Sie Ihre angenehmen Erinnerungen, indem Sie sie assoziiert noch einmal erleben. Versetzen Sie sich ganz hinein und
genießen Sie die Gefühle wieder. Lernen Sie aus den unangenehmen Erfahrungen, indem Sie sich von außen an sie erinnern.
Dissoziieren Sie sich von ihnen. Es ist Ihre Erfahrung. Machen
Sie das Beste daraus!

Kapitel 2
Zeitreisen

Jemandem zu sagen, wie spät es ist, gehört zu den Fertigkeiten, die wir selbstverständlich finden. Wir lernen es alle, auch wenn wir uns vielleicht nicht an die Details erinnern. Meiner Meinung nach markiert diese Fertigkeit eine Schwelle am Ende unserer Kindheit. Wenn man erst die Uhr kennt, ist man auf eine neue Art Mitglied der Gesellschaft. Ihre Zeit gehört nicht mehr Ihnen allein, Sie teilen sie mit anderen. Was Sie von jetzt an tun, wird gemessen. Vorher war Ihre Zeit in Ihnen; Sie hatten Ihr eigenes Maß. Wenn Sie erst einmal die Uhr lesen können, ist die Zeit außerhalb, um Ihr Handgelenk gebunden, oder sie hängt an der Wand.

Ich erinnere mich daran, wie ich die Uhr lernte. Ich war erstaunt darüber, dass jemand eine Maschine erfunden hatte, die die Zeit misst. Wie wusste der Erfinder, wie schnell sich die Zeiger bewegen mussten? Ich konnte es mir nur so vorstellen, dass eine Uhr die Zeitdauer, die einem zur Verfügung steht, gesammelt hatte und sie nun immer abspult. Was für eine schlaue Vorstellung, die Zahlen in einem Kreis zu notieren, in den sie alle hineinpassten, und die so jeden Tag aufs Neue verwendet werden konnten. Ich stellte mir vor, das Zifferblatt der Uhr wie eine aufgerollte Schnur als langen Faden abzuwickeln, den entlangzureisen einen Tag dauerte; ich stellte mir vor, wie eine Uhr ihr Zifferblatt wie ein ungewöhnliches Wollknäuel entwirrt, das wegrollt und sich selbst und uns bindet.

Die Zeit verfolgen

Was auch immer die Zeit in Wirklichkeit ist – ab einem bestimmten Alter messen Uhren unser Leben von außen, aber wir leben immer noch von innen her. Unser inneres Zeitgefühl ist fließend und ändert sich wie die schmelzenden und zerfließenden Uhren von Dali; wir scheinen Zeit als Linie zu erleben, die sich von der Vergangenheit in die Zukunft erstreckt.

Eine so genannte Time Line, eine Zeitlinie, funktioniert wie eines dieser Laufbänder, die man oft in Flughäfen findet. Wenn man darauf läuft, ist es schwierig festzustellen, wie weit man gekommen ist. Man hat nur ein Gefühl von Jetzt. Wenn man ein Ereignis voll erlebt, spielt die Zeit keine Rolle. Man erlebt eine Abfolge von derzeitigen Augenblicken. Aber stellen Sie sich vor, Sie würden einen Moment lang vom Laufband heruntertreten. Von außen betrachtet können Sie vergleichen, wann Sie ‚jetzt‘ sind und wann sie das Laufband betraten. Sie können zurückblicken und sehen, wie weit Sie gekommen sind.

Wenn Sie also die Zeit ‚verfolgen‘ wollen, müssen Sie nur einen Moment lang aus der aktuellen Erfahrung heraustreten. Manchmal ist das nicht leicht. Besonders schwierig erscheint es, aus Telefonaten und Computerspielen aufzutauchen. Menschen, die die Zeit gut im Auge haben, können stets aus einem Erlebnis heraustreten, wenn dies erforderlich ist. Ich glaube, wir wissen alle, wie das geht. Denken Sie beispielsweise an all die Male, als Sie fast etwas vergessen hätten. In Wirklichkeit sind das die Momente, in denen Sie sich *gerade noch* erinnern konnten. Sie sind plötzlich aus dem Erleben herausgetreten, in das Sie gerade noch involviert waren.

Das beste Beispiel für unsere natürliche Fähigkeit, die Zeit zu verfolgen, ist rechtzeitiges Aufwachen. Nehmen wir an, es ist eines Tages wichtig, dass Sie zu einer bestimmten Zeit aufwachen, deshalb stellen Sie den Wecker. Am nächsten Morgen wachen Sie von selbst auf, schauen auf die Uhr – und es hätte nur noch ein paar Minuten gedauert, bis der Wecker Sie aus dem Bett geklingelt hätte. Die meisten Menschen haben das schon erlebt. Und wenn Sie das einmal fertig gebracht haben, dann bedeutet das, dass Sie irgendwie und irgendwo auch im Schlaf die Zeit mitverfolgen können. Dann können Sie es auch wieder tun.

Forscher an der Universität Lübeck haben festgestellt, dass ein Stresshormon mit dem Namen Adrenokortikotropin (ACTH) das ‚Wecksignal' setzt. Es wird ausgeschüttet, um das Gehirn anzuregen und es auf das Aufwachen vorzubereiten. Menschen, die sich vornahmen, zu einer bestimmten Zeit aufzuwachen, produzierten eine Stunde vor ihrem Erwachen eine viel größere Menge des Hormons in ihrem Blut als Menschen, die vorhatten auszuschlafen. Aufwachen ist also teilweise auf unsere innere Uhr zurückzuführen, doch wir können es anscheinend auch aufgrund unserer vorherigen Entscheidung vorwegnehmen. Vorwegnehmen ist eine Fähigkeit unseres bewussten Verstandes. Haben Sie Lust auf ein Experiment?

Ein Experiment: Aufwachen

- Schauen Sie, unmittelbar bevor Sie einschlafen, noch einmal, wie spät es ist.
- Stellen Sie sich von einem äußeren Punkt aus vor (so als würden Sie neben sich schweben), wie Sie in Ihrem Bett schlafen. (Die beste Strategie, schnell einzuschlafen, besteht übrigens darin, sich von innen her vorzustellen zu schlafen.)
- Stellen Sie sich vor, wie sich die Zeiger der Uhr zwischen der Zeit jetzt und der Zeit, zu der Sie aufwachen wollen, bewegen

(oder sehen Sie vor Ihrem inneren Auge, wie die Zahlen durchrattern, wenn Sie eine Uhr mit digitaler Anzeige haben).
- Sehen Sie sich selbst, wie Sie zu dieser Zeit aufwachen und sich frisch und munter fühlen.
- Stellen Sie als Vorsichtsmaßnahme den Wecker auf ein paar Minuten später.
- Und jetzt schlafen Sie schön.
- Achten Sie darauf, zu welcher Zeit Sie von selbst aufwachen.

Diese Methode funktioniert ausgezeichnet, außer, wenn Sie völlig erschöpft sind und die Müdigkeit Ihren inneren Wecker außer Kraft setzt. Dann hilft ein realer Wecker. Die Methode wirkt umso besser, je stärker Sie zu einer bestimmten Zeit aufwachen *wollen*. Ich nutze sie, wenn ich ungewöhnlich bald aufstehen muss.

Einer meiner Freunde, der Wecker hasst, erzählte mir, er habe die Fähigkeit entwickelt, jeden Morgen einige Minuten vor dem Klingeln des Weckers aufzuwachen, obwohl er noch nie all seinen Mut zusammennahm und gänzlich auf den Wecker verzichtete.

Ich kenne verschiedene Leute, die früh aufstehen, um zur Arbeit zu gehen oder ihre Kinder zur Schule zu schicken. Selbst im Urlaub, so stellten sie fest, wachten sie zu ihrer üblichen Zeit auf, auch wenn sie eigentlich ausschlafen wollten. Sie wenden die Methode jetzt an, wenn sie die Gelegenheit zum Ausschlafen haben und diese auch nutzen wollen.

Es gibt keine stärkere Innenwahrnehmung und kein stärkeres Außerhalb-der-Zeit-Sein als während des Schlafes. Wenn die Strategie bei Ihnen funktioniert, dann wird es Ihnen auch leicht fallen, sich tagsüber der Zeit, wenn nötig, bewusst zu sein.

Ein Experiment: Zeit verfolgen und finden

Üben Sie in Gedanken, im Tagesverlauf die Zeit zu verfolgen und
Zeit zu finden:

- Schauen Sie, wie spät es *jetzt* ist.
- Stellen Sie sich dann die gewünschte Zeit vor. Wenn Sie sich
  beispielsweise mittags wieder auf die Zeit besinnen wollen,
  sehen Sie die Zeiger der Uhr oder Ihrer Armbanduhr die Mit-
  tagszeit anzeigen. Sehen Sie dieses Bild so deutlich wie möglich vor Ihrem inneren Auge.
- Sehen Sie dann, wie Sie sich in diesem Moment der Zeit bewusst werden.
- Vielleicht wollen Sie es zwei- oder dreimal üben. Mit etwas
  Übung können Sie sich daran gewöhnen, dann, wenn Sie
  wollen, die Zeit von außen zu betrachten.

Ein Grund dafür, warum wir die Zeit nicht im Auge haben, besteht darin, dass wir jemanden haben, der es für uns tut. Ich erinnere mich, dass einmal eine Freundin darüber klagte, ihr Sohn
könne morgens nicht rechtzeitig für die Schule aufstehen: „Ich
muss ihn jeden Tag wecken, sonst kommt er zu spät zur Schule."
Ihr Sohn ist 15 Jahre alt und einen Kopf größer als sie! Ich fragte
sie, ob er einen Wecker habe, worauf sie antwortete, einer reiche
gar nicht aus; er würde ihn im Schlaf ausschalten oder überhaupt nicht hören. Sie hätten es mit zwei Weckern probiert, die
fünf Minuten nacheinander klingelten. Das habe dann einige
Tage lang funktioniert, bis er sich daran gewöhnt habe, beide
auszuschalten, ohne richtig aufzuwachen. Als seine Mutter sie
woanders hinstellte, so dass er sie nicht ausschalten konnte,
ohne aufzustehen, hörte er sie gar nicht. Irgendwie konnte sie die
richtige Entfernung nicht finden, dass die Wecker zwar nah ge-

nug waren, um sie zu hören, aber auch weit genug weg, dass er sie nicht ohne aufzustehen ausschalten konnte. Auch schien in den Geschäften kein Wecker erhältlich zu sein, der laut genug war, um seinen jugendlichen Schlaf zu durchdringen. Meine Freundin weckte ihn sicherheitshalber jeden Morgen – und war verärgert. „Warum kann er morgens nicht von allein aufwachen? Er ist mittlerweile alt genug!"

Ich vermutete, dass er nicht von selbst aufwachen musste, solange seine Mutter bereit war, ihn jeden Morgen zu wecken. Solange er sich darauf verlassen konnte, dass sie ihn schon rechtzeitig zur Schule wecken werde, brauchte er keinen Wecker zu hören und für sein Aufwachen nicht die Verantwortung zu übernehmen.

Als meine Freundin die Situation objektiver betrachtete, gab sie zu, dass das so nicht weitergehen konnte. Sie versuchte ein Problem zu lösen, indem sie etwas tat, das das Problem mit hervorrief. Irgendwie war ihr Sohn an dem Meilenstein „Selbstverantwortung" vorbeigeschlichen, ohne dass sie aufmerksam wurde. Kinder tun das regelmäßig und in der Regel merken wir es erst im Nachhinein. Heimlich und ohne Vorwarnung übertreten sie diese Schwellen und uns wird es erst bewusst, wenn wir zurückblicken und merken, dass sie nicht mehr so sind, wie sie einmal waren. Die Zeit vergeht, aber manchmal starren wir noch in die Vergangenheit.

Schließlich sagte meine Freundin ihrem Sohn, dass sie die kommende Woche noch für ihn aufstehen werde, nachher aber nicht mehr. Sie zeigte ihm, wie er sich darauf programmieren konnte aufzuwachen und bot ihm an, den lautesten erhältlichen Wecker zu kaufen. Sie musste etwas elterliche Verantwortung loslassen, jetzt aber steht ihr Sohn selbst auf und kommt selten zu spät zur Schule.

Momentanes Vergnügen – künftiger Schmerz

Unser Gehirn ist wie eine Zeitmaschine. Wir können in die Vergangenheit zurückkehren und unsere Erinnerungen wieder erleben; ja, wir können sie sogar überarbeiten und sie dahingehend verändern, wie wir sie gern gehabt hätten. Wir können auch in die Zukunft gehen und tagträumen, unser Handeln planen und uns die Konsequenzen unseres derzeitigen Handelns vorstellen. Was jetzt als gute Idee erscheint, kann sich freilich in der Zukunft als schlecht herausstellen.

Wir treffen täglich Entscheidungen, bei denen wir die momentane Befriedigung gegen die zukünftigen Folgen abwägen. Wenn beide zueinander passen, ist es umso besser. Falls nicht, verschieben wir vielleicht das Vergnügen.

Ein alltägliches Beispiel ist die Entscheidung, wie viel wir essen. Menschen, die sich regelmäßig überessen, bleiben im jetzigen Augenblick – und genießen das Essen. Sie machen sich kein Bild von sich selbst in der Zukunft und stellen sich nicht vor, wie sie sich nach dem Essen fühlen. Später fühlen sie sich vielleicht unbehaglich, aber später ist zu spät. Um das Überessen zu vermeiden, betrachten viele Menschen das zweite Stück Schokoladenkuchen (oder was immer sie gerade reizt) und wägen die Befriedigung, die sie jetzt verspüren würden, gegen das unangenehme Gefühl ab, das sie in zehn Minuten empfinden würden, wenn sie es äßen. Sie empfinden dieses unangenehme Gefühl ein wenig. Wenn sie zudem noch gerade dabei sind abzunehmen, machen sie sich ein mentales Bild, auf dem sie dicker sind, als ihnen lieb ist und stellen sich vor, nicht mehr in ihre Lieblingskleidung hineinzupassen. Dann lassen sie das Stück Kuchen auf dem Teller liegen.

Diese Strategie wirkt viel besser als so lange zu essen, bis man voll ist; denn wenn man so lange isst, hat man sich schon überessen. Wenn das Essen im Magen ankommt, sendet er biochemische Signale aus, die einem ein Sättigungsgefühl mitteilen. Doch das geschieht nicht sofort, sondern es dauert eine Weile, bis man dieses Signal bekommt. Es ist, als ob man den Wasserhahn an einem langen Schlauch aufdreht. Es dauert etwas, bis das Wasser am anderen Ende herauskommt. Deshalb bezieht sich das Signal, das man jetzt bekommt, nicht auf das Essen, das man eben aß, sondern auf das, was man vor einigen Minuten aß. Es ist ein Signal aus der Vergangenheit.

Zeitdruck

Das am weitesten verbreitete Zeitproblem ist, zu viel zu tun und zu wenig Zeit dafür zu haben. Am Arbeitsplatz und zu Hause scheint der Tag nie genug Stunden für alles zu haben, was wir tun wollen oder müssen.

Wie erleben Sie Zeitdruck? Das Wort „Druck" ist ein Hinweis. Unsere Worte spiegeln unser Erleben wider; Wendungen der Alltagssprache geben Hinweise darauf, wie wir uns fühlen: Druck bedeutet, dass etwas zu eng ist – es drückt unangenehm; wir fühlen uns „unter Zeitdruck" oder von der Zeit „tyrannisiert"; jede Menge Aufgaben werden uns „aufgedrückt", die unseren Weg in die Zukunft blockieren.

Was ist da los? Wahrscheinlich trifft eine von zwei Möglichkeiten zu. Die Erste besteht darin, dass Sie alle Ihre Aufgaben ganz nah vor sich sehen; sie drängen sich an Sie heran und Sie können nicht über sie hinwegsehen. Ich habe einen Stapel Bücher in meinem Büro, einige davon sollte ich lesen, einige muss ich lesen und einige würde ich gern lesen. Früher hatte ich sie nahe bei meinem Schreibtisch, aber sie erschienen mir irgendwie bedrohlich, besonders dann, als der Stoß wuchs. Er war erdrückend, bis ich mich daran erinnerte, dass zunächst einmal ich den Stapel aufgetürmt hatte und ich auch die meisten Bücher wirklich lesen wollte, zumindest zu dem Zeitpunkt, als ich sie kaufte. Doch was einmal ein Vergnügen war, war jetzt eine lästige Pflicht. Manchmal hatte ich das Gefühl, die Bücher stapelten sich auf mir. Eines Tages stieß ich zufällig mit dem Ellbogen gegen ein tragendes Buch, auf dem andere ruhten, und ich musste geschickt zur Seite springen, als diese Lawine von Sciencefictionromanen, Reiseliteratur und Psychologiebüchern mich zu übermannen drohte. Ein kleiner Baum in Form von Papier stürzte zu Boden. Ich legte die Bücher wieder auf einen Stapel und verfrachtete sie auf die andere Seite meines Zimmers, wo sie weniger bedrohlich für mich waren.

Die zweite Möglichkeit, wie wir Zeitdruck erzeugen, ist, dass wir uns alle Dinge, die wir erledigen müssen, auf einmal vorstellen – und nicht auf unserer Zeitlinie, in die Zukunft ausgebreitet. In meinem Fall war das so, als ob ich die Bücher alle auf einmal hätte lesen müssen und nicht im Laufe von Monaten in meiner Freizeit. Als ich sie endlich vom Boden in ein Regal umschichtete, ordnete ich sie von links nach rechts so an, wie ich vorhatte, sie zu lesen – eine einfache Veränderung, aber mir ging es viel besser damit. Wenn Ihre Aufgaben vor Ihnen liegen, sind sie viel leichter zu überblicken, der Priorität nach zu ordnen und zu planen. Wer auch immer die Ablage erfunden hat, in der sich die Arbeit nach oben auftürmt, statt horizontal, ist mitverantwortlich für eine Generation von Führungskräften mit Magengeschwüren.

Das Internet kann das Problem noch verschlimmern. Nahezu unbegrenzte Informationen sind sowohl Segen als auch Fluch. Manchmal sitze ich am Computer und stelle mir die Geschichte von Aladins Wunderlampe und dem Schatz in der Höhle als Update für das Cyber-Zeitalter vor. All die Informationsschätze, da draußen, nur ein paar Tastenbefehle entfernt ... Dummerweise ist der Schatz mit massenweise nutzlosem Flitter vermischt. Doch welches Problem ich auch habe, es gibt ganz bestimmt irgendwo eine Website mit der Antwort dafür. Deshalb empfinde ich es fast als moralische Pflicht, sie herauszusuchen. Heute gibt es so viele Möglichkeiten, aber die Zeit ist nicht mehr geworden, um all die Möglichkeiten auch zu nutzen.

Manchmal reden wir schon komisch über die Zeit: Wir „verbringen" sie, „verlieren" und „investieren" sie. Zeitmanagement-Programme zeigen uns, wie wir sie „managen" können. Das ist ein komischer Ausdruck, denn die Zeit lässt sich nicht managen. Das, was wir managen müssen, ist die Art, wie wir sie verbringen.

Zeitmanagement-Programme im Geschäftsleben gehen in der Regel von dem aus, was sie lehren sollten – die Fähigkeit, aus der Zeit herauszutreten, sie als lange Linie vor sich zu sehen, an der Sie Ihre Aufgaben anordnen und der Wichtigkeit nach sortieren können. Diese Programme helfen niemandem dabei, das zu tun, wenn man es nicht bereits ohnehin tut. Deshalb brauchen die Leute, die die Zeitmanagement-Programme nutzen können, sie nicht wirklich, und die Leute, die sie brauchen, können sie nicht anwenden.

Wenn Sie zu viel zu tun und nicht genug Zeit dafür haben, haben Sie vier Wahlmöglichkeiten:

1. Verschaffen Sie sich mehr Zeit, indem Sie irgendetwas weniger tun.
2. Setzen Sie Prioritäten, lassen Sie einige Aufgaben weg, die Sie sich vorgenommen hatten, und reduzieren Sie Ihr Arbeitspensum.

   Die ersten beiden Wahlmöglichkeiten hängen davon ab, was Ihnen wichtig ist, sie haben nichts mit Zeit zu tun.

3. Werden Sie effektiver und arbeiten Sie schneller, damit Sie die ganze Arbeit in der vorgegebenen Zeit schaffen können. Das ist eine Frage des Zeitmanagements.
4. Tun Sie gar nichts und leben Sie mit den Folgen. Das ist die Wahl des Laisser-faire – bestimmt durch die Hoffnung, dass die wichtigsten Aufgaben bestehen bleiben und die weniger wichtigen durch die natürliche Auslese schon ausgesondert werden.

Aber selbst wenn Sie schneller arbeiten, effektiver werden und alles schaffen, sind Sie vielleicht überrascht, dass der Zeitdruck der Gleiche bleibt. Hart zu arbeiten, um Ihr Arbeitspensum zu reduzieren, ist nur die eine Hälfte der Lösung. Die andere Hälfte besteht darin, weniger Arbeit anzunehmen. Manche Menschen arbeiten unter Zeitdruck schwer, schaffen fantastisch viel und fühlen sich dennoch unter Druck, weil sie so viel annehmen, wie sie gerade noch bewältigen können. Das ist genauso, als ob man versucht, eine Badewanne leer laufen zu lassen und dabei den Wasserhahn aufgedreht lässt. Auf diese Weise hört der Druck nie auf, er wird nur schlimmer, unabhängig davon, wie viel Sie tun. Das ist der Weg in Stress und Burnout hinein, was wiederum Ihre Effektivität einschränkt und so den Druck weiter verstärkt.

Es lohnt sich auch, genauer zu betrachten, was Sie kürzen. Wenn Sie die Dinge reduzieren, die Sie gerne tun, im Gegensatz zu Ihren Pflichten, dann werden Sie gestresster sein, weniger effektiv arbeiten, mehr Druck empfinden und versucht sein, wieder so zu handeln. Wenn Sie dann schließlich überhaupt keine Zeit mehr für sich haben, sind Sie völlig in diesem Teufelskreis gefangen. Freilich füllen nicht nur wir unsere zur Verfügung stehende Zeit aus, auch andere Leute tun dies für uns. Dies gilt besonders am Arbeitsplatz – der Glaube, dass jeder, der am Arbeitsplatz Zeit übrig hat, nicht hart genug arbeitet und deshalb mehr Aufgaben braucht, ist weit verbreitet. Es ist ein weiterer ironischer Trick des Lebens, dass die Menschen, die sehr effektiv arbeiten und dadurch Stress und Probleme vermeiden, nicht das Drama, die Anerkennung und das Ansehen derjenigen bekommen, die ganz heroisch das Feuer löschen – selbst wenn die Feuerwehrleute metaphorisch auch die Finger mit im Spiel hatten, das Feuer selbst zu entfachen. Stress am Arbeitsplatz wird belohnt – kein Wunder, dass er endemisch auftritt.

Das verdeutlicht einen wichtigen Aspekt: Zeitmanagement wird teilweise von unseren Überzeugungen bestimmt. Um Freizeit zu haben, müssen Sie überzeugt davon sein, dass es in Ordnung ist, freie Zeit zu haben. Alles Zeitmanagement dieser Welt wird Ihnen nicht helfen, bevor Sie nicht davon überzeugt sind. Zeitmanagement hat nicht nur damit zu tun, was Sie tun, sondern damit, die Aufgaben, die Sie übernehmen, mit den Aufgaben in Übereinstimmung zu bringen, die Sie bereits erfüllen.

Ein Experiment: Zeitlinie

Denken Sie an einige Aufgaben, die Sie erledigen müssen.

* Stellen Sie sich vor, sie liegen auf einer Linie vor Ihnen, die sich in die Ferne erstreckt. Je weiter die Aufgaben von Ihnen entfernt liegen, desto später müssen Sie sie erledigt haben.
* Betrachten Sie Ihre Zeitlinie. Welche Grundeinteilung hat sie? Stellt beispielsweise ein langer Strich einen Tag dar? Wenn das der Fall ist, dann erscheinen Ihnen wahrscheinlich die Aufgaben der nächsten Woche in weiter Ferne und nicht besonders dringend. Dies begünstigt das Aufschieben und bedeutet auch, dass Sie plötzlich feststellen, mit Projekten in Verzug zu sein. Eine Einteilung mit kurzen Abständen kann andererseits auch irreführend sein. Eine Zeitlinie, auf der der

nächste Monat sehr nah ist, vermittelt den Eindruck, dass alle Aufgaben auf einem Haufen liegen und recht dringend sind. Experimentieren Sie mit verschiedenen Zeiteinteilungen und halten Sie sich dann an die, die gut für Sie aussieht und sich gut anfühlt. Dann können Sie auf Ihrer Zeitlinie möglichst klar sehen, wann Sie was zu erledigen haben.

Zeiten der Ruhe und Aktivität sind wie Ebbe und Flut

In unserem Erleben gibt es so etwas wie eine natürliche Ebbe und Flut. Zunächst einmal gibt es die großen jahreszeitlichen Rhythmen, dann den kleineren Wach- und Schlafrhythmus von Tag und Nacht und den noch kleineren so genannten ultradianen Rhythmus im Verlauf eines Tages. Gut für sich zu sorgen und aus dem, was man tut, das meiste zu machen, bedeutet, auf diese Rhythmen zu achten und sich an sie anzupassen oder sich auf sie einzustellen.

Wir erwarten von niemandem, dass er ohne Schlaf auskommt (außer unter besonderen Umständen). Doch wir erwarten gemeinhin, dass Menschen die kleineren Rhythmen im Laufe eines Tages übergehen; so gibt es zum Beispiel die eineinhalb- bis zweistündigen Phasen der Aktivität, denen eine Ruhephase folgt. Beide werden von unserem vegetativen Nervensystem gesteuert. Diese Rhythmen unterliegen nicht unserer bewussten Kontrolle, sondern sind in unserem Körper verankert. Deshalb muss man manchmal eine kurze Pause einlegen und sich ein wenig entspannen und tagträumen. Das gehört ebenso zur Effektivität wie tatkräftig zu handeln.

Wir richten auch unsere Aufmerksamkeit abwechselnd nach außen und nach innen. Man kann sich von der äußeren Welt wie von der inneren fesseln lassen – selbstvergessen (innere Welt) im

Gegensatz zu gedankenverloren (äußere Welt). Um unser Leben ins Gleichgewicht zu bringen, müssen wir unserer inneren Welt ebenso Aufmerksamkeit schenken wie der äußeren Welt.

Vielleicht kennen Sie Menschen, die Ihr Augenmerk hauptsächlich nach innen richten. Ich hörte zum Beispiel von einem Schachspieler, der sein Spiel bei einem internationalen Turnier verlegte und zum Mittagessen ging. Völlig in sein Spiel vertieft ging er auch eine Stunde später zum Mittagessen und vergaß völlig, dass er bereits gegessen hatte. Die meisten von uns haben schon einmal erlebt, dass sie etwas tun wollten, sich dann in ihren Gedanken verloren und es nicht taten. Den ganzen Tag über wechseln wir unsere Bewusstseinszustände. Manchmal sind wir tief in Gedanken, manchmal nur ein wenig. Wir „verlieren uns" in einem guten Buch. Die Worte auf dem Papier sind es nicht, die unsere Aufmerksamkeit fesseln, es sind die Bilder und Töne, die wir aus ihnen bilden, die unsere Phantasie wecken.

Imagination und Wirklichkeit

Vor einigen Wochen aß ich mit einem Freund in einer Pizzeria zu Mittag. Das Lokal war voll mit diesen runden Marmortischen auf kunstvollen Metallbeinen. Es war fast leer, als wir unseren Kaffee ausgetrunken hatten und uns nach der Kellnerin umsahen, um zu zahlen. Sie deckte auf der anderen Seite des Raumes sehr sorgfältig und genau einen sauberen Tisch ein. Sie deckte rhythmisch; eine Melodie muss ihr im Kopf herumgegangen sein. Ich hörte das Klirren, das jedes Mal entstand, wenn sie ein Besteckteil platzierte. Mit größter Präzision legte sie die Messer und Gabeln absolut rechtwinklig hin und war sich der zwei Leute, die ihr von der anderen Seite des Raumes winkten und nach ihr riefen, überhaupt nicht bewusst. Sie war in ihrer eigenen Welt und die war zu diesem Zeitpunkt interessanter als das Restaurant. Als ich aufstand und zu ihr hinüberging, kam sie aus ihrem Traum heraus und folgte mir an unseren Tisch.

Wir begeben uns manchmal in die Welt unserer Vorstellung und lassen uns, wie die Kellnerin, von ihr gefangen nehmen, weil sie interessanter ist als die äußere Welt. Manchmal achten wir auf Kosten der äußeren Welt zu sehr auf unsere innere; unsere Gefühle und Gedanken im Inneren erscheinen dann gleichermaßen wirklich, ob sie nun eine Erinnerung aus der Vergangenheit oder eine Aussicht auf die Zukunft, eine Sorge oder eine freudige Vorwegnahme sind. Dies kann zu Problemen führen, wenn wir dann unser Handeln nicht nur an den wirklichen Geschehnissen orientieren, sondern auch an den Geschehnissen in unserer Vorstellung.

Meine elfjährige Tochter war vor einigen Tagen sehr aufgebracht. Sie hatte viel Zeit auf ihre Geografiehausaufgabe verwendet und die Bilder vom Leben eines Regentropfens von seinem Anfang im Meer, seinen folgenden Abenteuern als Regen und den ganzen Weg zurück ins Meer gemalt. Sie hatte alle Bilder sorgfältig ausgemalt und die Überschriften geschrieben, aber sie hatte vergessen, die Hausaufgabe der Lehrerin zu geben. An diesem Abend war sie aufgebracht, weil die Lehrerin vorher angekündigt hatte, sie werde keine Arbeiten bewerten, die zu spät abgegeben werden. „Sie sollte sie aber benoten", sagte meine Tochter. „Das ist nicht fair. Sie ist eine blöde Kuh."

Ich stimmte ihr zu, dass das sehr enttäuschend sei, wenn sie sich all die Mühe gemacht habe und die Arbeit nicht benotet werde. Warum war sie sich aber so sicher, dass die Arbeit nicht bewertet werde? Warum würde sie nicht am nächsten Tag die Lehrerin danach fragen, wenn sie die Arbeit abgab? Sie könnte ihr erklären, dass ihr ihre Verspätung leid täte, und sie bitten, die Arbeit doch zu benoten, weil sie sich enorme Mühe damit gegeben habe. Wäre die Lehrerin einverstanden, würde die Arbeit bewertet und ihr ginge es besser. Würde die Lehrerin das ablehnen, dann wäre sie auch nicht schlimmer dran und hätte einen Grund, sich zu ärgern. Ich wies meine Tochter darauf hin, dass die Weigerung der Lehrerin in diesem Moment nur in ihrer Vorstellung existierte. Am nächsten Tag fragte sie also die Lehrerin und diese willigte ein.

Ich erlebte letztes Jahr etwas Ähnliches: Ich hielt ein Training im Ausland ab und hatte ausgehandelt, dass ich per Überweisung bezahlt wurde. Ich kam nach Hause und eine Woche nach der anderen gingen ins Land, aber auf meinem Konto tauchte kein Geld auf. Ich begann mir Sorgen zu machen. Vielleicht würde mich das Unternehmen gar nicht bezahlen. Diese Möglichkeit war mir vorher nicht einmal in den Sinn gekommen. Wie konnte ich nur so naiv sein! Sie hatten mich ausgenutzt ... Ich war verärgert über etwas, das nicht geschehen war, obwohl ich mir wirklich Sorgen machte. Ich war versucht, gegen das Unternehmen vorzugehen, als ob ich nie bezahlt würde. Dies hätte die ganze gute Beziehung, die wir entwickelt hatten, zunichte gemacht. Ich versuchte weiterhin, das Geld zu bekommen, und behandelte es als ein Problem, das überall mit Geld auftreten kann, das im Labyrinth des internationalen Bankwesens transferiert wird. Ich zog auch den schlimmsten aller Fälle in Betracht – dass sie mich nie bezahlen würden und dass es schwierig würde, die Außenstände rechtlich in einem fremden Land einzuklagen. Ich merkte aber auch, dass davon die Welt nicht untergehen würde und dass ich überleben würde. Schließlich kam das Geld doch noch an.

Die Gefahr in einer solchen Situation besteht darin, sich in der eigenen Phantasie den schlimmsten Fall auszumalen und dann die Beteiligten so zu behandeln, als ob dieser Fall eingetreten wäre. So lässt sich ganz hervorragend eine sich selbst erfüllende Prophezeiung hervorrufen; man kann den Kreis schließen und die eigenen Unterstellungen rechtfertigen. Es ist leicht, andere Menschen so zu formen, dass sie den eigenen Erwartungen entsprechen – das geschieht, wenn man so handelt, als ob sich diese Erwartungen schon bestätigt hätten.

Es sind recht düstere Stimmungen, wenn wir in unseren ressourcearmen Ideen gefangen sind; man nennt sie manchmal Vernebelungen oder Dämmerzustände – schöne Worte, die eine Mischung aus Nebel und Stimmung nahe legen. Und genau das ist gemeint. Man kann genau sagen, wann man wieder in eine vertraute Vernebelung geraten ist, nämlich wenn man das Gefühl hat, nicht die Kontrolle über sich zu haben. Man bekommt nicht, was man will, und das ist scheinbar die Schuld der anderen, aber man ist selbst Teil des Problems. Man selbst hat Recht mit seinen Gedanken und Gefühlen; man betrachtet sie nicht von außen. Hinweise und Bedenken, die nicht mit der eigenen Phantasie übereinstimmen, werden gelöscht. Und, was am schlimmsten daran ist, ist, dass sich ein solcher Zustand schrecklich vertraut anfühlt.

Sobald man einmal in einer solchen Stimmung ist, ist es schwierig, sie aufzulösen. Deshalb ist es besser, nach den Auslösern zu suchen, die einen hineinbefördern. Jemandem Geld zu schulden oder von jemandem Geld zu bekommen ist häufig ein Auslöser. Für manche Menschen ist es ein unordentliches Zimmer, für andere sind es die Weihnachtseinkäufe, der Kontoauszug, eine ganz bestimmte Kritik, ein anderer Autofahrer, der einen schneidet, der eigene Partner, der einen kritisiert, oder auch ein ganz bestimmter Tonfall.

Ein Experiment: Vernebelung

Denken Sie an einige Ihrer häufigsten Vernebelungen.

- Wer oder was gehört dazu? Eine bestimmte Person? Eine bestimmte Situation?
- Ermitteln Sie die Auslöser für die Vernebelung.
- Bietet das entweder für Sie selbst oder für die beteiligte Person irgendwelche Vorteile (diese können ganz offensichtlich oder versteckt sein)?
- Überlegen Sie, welche Möglichkeiten es gibt, diese Vorteile ohne die dämmerige Stimmung zu genießen.
- Inwiefern wäre Ihr Leben anders, wenn Sie diese Befangenheit nicht hätten? Was hätte es für Folgen, wenn Sie nicht in diesen Zustand kämen? Wie würde sich das auf andere Menschen auswirken?

Wenn Sie sicher sind, dass der Zustand keine Vorteile bringt oder Sie sich diese Vorteile auf andere Weise verschaffen können, dann stellen Sie sich die Auslöser, die Sie vorher herausgefunden haben, wieder vor:

- Sehen Sie sich selbst von außen in dieser Situation sowie die Auslöser Ihrer Vernebelung.
- Sehen Sie dann, wie Sie ‚aufwachen' und nicht auf die übliche Art reagieren. Es ist ebenso wichtig, aus dieser Art von Träumen aufzuwachen wie aus nächtlichen Träumen, wahrscheinlich sogar noch wichtiger, denn wenn Sie schlafen, können Sie sich wenigstens nicht lächerlich machen oder andere Menschen verletzen. Sehen und hören Sie also, wie Sie jetzt etwas anderes als vorher machen, etwas, das damit zu tun hat, Ihre Aufmerksamkeit auf die äußere Welt zu lenken.

- Wenn Sie mit dem, was Sie sehen, zufrieden sind, steigen Sie in Ihrer Vorstellung in dieses Bild hinein und proben Sie das neue Szenario.
- Wenn Sie sich das nächste Mal in einem vernebelten Zustand wieder finden, wachen Sie auf und sagen Sie sich: „Ich erkenne den Zustand. Möchte ich wirklich wieder in diesen Zustand geraten?"
- Wenn Ihre Antwort „Nein" lautet, achten Sie auf die äußere Welt. Richten Sie Ihre Aufmerksamkeit nach außen statt nach innen.
- Wenn Ihre Antwort „Ja" lautet, dann bleiben Sie in diesem Augenblick. Achten Sie darauf, wie sich Ihr Körper anfühlt, und fragen Sie sich, welchen Vorteil es hat, sich in diesem Dämmerzustand zu befinden.

Gewohnheiten

Vernebelungen halten uns oft durch die Macht der Gewohnheit gefangen. Über eine Gewohnheit müssen wir nicht nachdenken, sie macht unseren Verstand frei für interessantere Ideen. Gewohnheiten kann man aus gutem Grund entwickeln, aber sie bestehen oft länger als sie nützlich sind.

Als meine Kinder noch sehr klein waren, warf ich nie eine Plastiktüte weg oder ließ eine herumliegen, ohne ein Loch hineinzureißen wegen der Gefahr, die sie für kleine Kinder darstellen, wenn diese dumm genug sind, sie sich über den Kopf zu ziehen. Nach einer Weile zerriss ich die Tüten ohne nachzudenken. Einige Jahre später, als diese Tüten schon lange keine Gefahr mehr für meine Kinder darstellten, zerriss ich sie noch immer. Als ich eines Tages gerade dabei war, eine Plastiktüte in den Mülleimer zu werfen, fragte ich mich: „Warum mache ich das denn immer noch? Muss das denn weiterhin sein?" Ich stellte fest, dass es jetzt einer kleinen Anstrengung bedurfte, diese Tüten nicht zu zerreißen, bevor ich sie wegwarf. Das war ja nicht gerade eine *schlechte* Gewohnheit, aber sie ließ mich innehalten und genau überlegen, wie viele meiner alltäglichen Handlungen Gewohnheiten sind, die derzeit einen Zweck erfüllen, und wie viele einfach Überreste aus der Vergangenheit darstellen.

Wenn Sie eine Gewohnheit ändern wollen, fragen Sie sich, wie Sie von ihr profitieren. Viele unserer Gewohnheiten sind schwer zu verändern, weil sie uns etwas Wichtiges vermitteln, das wir nicht irgendwie anders bekommen können. Um eine Gewohnheit zu ändern, müssen Sie sicherstellen, dass Sie den Wert auf andere, akzeptablere Art bekommen. Ich zerreiße jetzt keine Plastiktüten mehr, weil meine Kinder alt genug sind, sie nicht mehr über den Kopf zu stülpen. Aber ich treffe andere Vorkehrungen, um meine Kinder vor Schaden zu bewahren.

Veränderungen sind leichter, wenn man davon ausgeht, dass alle Handlungen einen Zweck erfüllen, wie seltsam der auch sein mag. Um uns zu verändern, müssen wir erst beschließen, uns zu ändern. Die Veränderung muss mit dem übereinstimmen, was uns wichtig ist. Dann müssen wir uns ein Ziel setzen, etwas, das wir stärker wollen als das, was wir jetzt haben. Eine geplante Veränderung ist eine Reise zwischen dem Punkt, an dem wir jetzt sind, aber nicht sein wollen, und einer vorgestellten besseren Zukunft. Wie angenehm die Reise wird, hängt davon ab, wie geschickt wir das Ziel setzen.

Kapitel 3
Eigene Ziele

Sie wollen sich also verändern? Es ist leicht, sich zu verändern – wir machen das die ganze Zeit, gewöhnlich ohne es zu merken. Schauen Sie in den Spiegel. Ihr Gesicht ist erkennbar gleich, doch es hat sich verändert, selbst seit gestern.

Auch die äußeren Umstände ändern sich, und wir passen uns an. Anpassung ist eine andere Art von Veränderung. Sind Ihre Überzeugungen, Ihre Werte, Ihre Arbeit und Ihre Beziehungen noch die gleichen wie vor einigen Jahren? Sie sind vielleicht weitgehend ähnlich, aber sie sind nicht identisch. Haben diese Veränderungen in die Richtung geführt, die Sie einschlagen möchten? Leben Sie glücklicher, erfüllter?

Wir beschäftigen uns nur mit persönlicher Veränderung, wenn diese natürlichen Veränderungen uns von dem Ziel, zu dem wir hin möchten, wegführen. Dann versuchen wir gegenzusteuern, indem wir einige bewusste Veränderungen herbeiführen. Die zahlreichen Bücher und Kurse zur persönlichen Entwicklung befassen sich üblicherweise mit diesen Veränderungen. Sie unterstützen unseren Versuch, wieder den richtigen Kurs einzuschlagen.

Wir nehmen Veränderung wahr, nicht aber Stabilität – aber die beiden bedingen sich gegenseitig. Unser ganzes Leben lang jonglieren wir mit beiden. Da Technologie und die moderne Kommunikation uns derzeit immer schneller weitertreiben, werden wir vielleicht auch noch Kurse über „persönliche Stabilität" erleben, die die zur „persönlichen Veränderung" ersetzen. Ich glaube, dass es diese Kursangebote wahrscheinlich schon gibt, dass sie aber heute eher unter dem Titel „Stressmanagement" laufen.

Manchmal müssen wir uns auf die Veränderung konzentrieren, manchmal auf die Stabilität. Persönliche Entwicklung bedeutet nicht nur zu fragen: „Was will ich verändern?", sondern auch: „Was möchte ich beibehalten?"

Veränderungen vornehmen

Jede und jeder von uns verändert sich in seinem eigenen Tempo. Zu viel ist stressig, zu wenig ebenso. Bei zu viel Veränderung ist es schwierig, zur Ruhe zu kommen, das Leben wird chaotisch. Bei zu wenig Veränderung wird das Leben fade, langweilig und vorhersagbar. Vielleicht waren Sie einkaufen, haben sich neue Kleidung gekauft, haben Ihr Äußeres geändert, ohne einen bestimmten Grund, den Sie logisch erklären könnten, sondern einfach weil Ihnen nach Veränderung war. Das ist Grund genug.

Wie viel Veränderung aber ist zu viel? Das hängt von Ihnen ab. Sie selbst stellen die Regeln dafür auf. Es gibt jedoch eine nützliche Richtlinie: Wie auch immer Sie Ihre Veränderungen bewerten, es sollten viel mehr kleine sein als große und die Anzahl der Veränderungen sollte ihrer Bedeutung entsprechen: Wenn auf Ihrer persönlichen Stress-Skala ein Umzug zehn Punkte hat und einen Raum neu zu tapezieren oder zu streichen einen Punkt, dann sollten Sie nur einmal umziehen, aber zehnmal streichen oder tapezieren. Es kommt nicht darauf an, was Sie verändern oder wie oft Veränderungen auftreten, sondern auf Ihre Reaktion und auf das Gleichgewicht zwischen den Veränderungen. Manche Menschen erleben scheinbar viele größere Veränderungen, aber wenn sie sie nicht als so wichtig einstufen, bereiten sie ihnen keinen Stress.

Veränderungen geschehen mühelos, wenn sie Sie in die Richtung führen, die Sie ohnehin einschlagen wollen. Sie erscheinen dann als natürlicher Bestandteil der Reise und Sie werden sie willkommen heißen. Wichtig ist, die Richtung festzulegen. Denn ohne Richtung werden Sie entweder willkürlich dahintreiben und von jeder Strömung, die gerade vorherrscht, mitgetragen werden oder jemand anders wird die Richtung für Sie bestimmen. Dann leben Sie dessen Ziele, nicht Ihre eigenen.

Ziele setzen

Wenn Sie Ihre grobe Richtung festgelegt haben, folgen die kleineren Ziele automatisch. Oft machen wir es genau umgekehrt – wir bestimmen kleinere Ziele, verknüpfen sie aber nicht mit unserer allgemeinen Richtung und unseren Werten. Das ist genauso, als ob wir sehr genau auf jeden Schritt achten, ohne zu schauen, wohin wir gehen. Im Geschäftsleben ist es sehr wichtig, spezifische Ziele zu setzen, wenn diese aber nicht mit der Mission, Vision und Richtung des Unternehmens verbunden sind, läuft das Geschäft ins Leere.

Problematisch daran, sich kleine Ziele zu setzen, ist, dass sie oft von Problemen hervorgerufen werden und Versuche sind, die Symptome isoliert zu kurieren. Das klassische Beispiel dafür sind die Vorsätze zu Neujahr. Das neue Jahr ist für viele ein wichtiger Übergangspunkt und eine wunderbare Schwelle zwischen dem alten und dem neuen Selbst. Doch der Jahreskalender ist eine Erfindung des Menschen. Sie fassen zu Neujahr vielleicht den Vorsatz, abzunehmen, aber Ihr Magen und Ihre Essgewohnheiten ändern sich noch lange nicht, nur weil sich der Kalender ändert. Wenn es nicht noch einen anderen triftigen Grund gibt und es besser zu Ihren allgemeineren Zielen passt, werden Sie den typischen Kater nach Ihren Neujahrsvorsätzen haben – die Macht der Gewohnheit wird ebenso stark sein wie im Jahr zuvor und nach einem kurzen Kampf werden Sie so weitermachen wie vorher. Ich habe die Vorsätze zum neuen Jahr schon recht bald in meinem Leben aufgegeben. Ich litt noch einige wenige Male unter kurzen Anflügen von Schuldgefühlen und war versucht, zu den Vorsätzen zurückzukehren, aber ich war stark und widerstand der Versuchung. Jetzt geht es mir erheblich besser und ich habe nie mehr einen Rückfall erlebt.

Immer wenn mich Vorsätze zum neuen Jahr faszinieren, muss ich daran denken, was meinem Freund John in seiner College-Zeit widerfuhr. Eines Silvesterabends waren wir mit einer ganzen Gruppe auf einer Party. Wir rauchten alle, aber John übertraf uns bei weitem und an diesem Abend schien er ununterbrochen eine Zigarette im Mundwinkel zu haben. Er nahm sie nur aus dem Mund, um sich eine neue anzuzünden oder um sein Bier zu trinken. „Ich werde das Rauchen aufgeben", sagte er mir durch den grauen Dunst. „Sobald es Mitternacht geschlagen hat, werde ich nie wieder rauchen." Ich antwortete lachend: „Klar!" und feierte weiter. Um Mitternacht drückte John seine letzte Zigarette aus.

Einige Tage später trafen wir uns, um unsere alljährlichen Prophezeiungen zu machen. Wir schrieben 20 politische und gesellschaftliche Vorhersagen für das kommende Jahr auf und schlossen Wetten darüber ab. Den Einsatz gaben wir zwischen 1 und 100 an. Dann versiegelten wir sie in einem großen Umschlag, sperrten sie weg und dachten das Jahr über nicht mehr daran. Am nächsten Neujahrstag schauten wir sie wieder an und lachten.

John rauchte nicht bei diesem Ritual. Ich war überrascht und er war völlig erstaunt. Er war wirklich ganz entzückt darüber, dass er sich an seinen Neujahrsvorsatz hielt. Er begann, mit seinem herrlichen Triumph zu prahlen – nicht, *dass* er das Rauchen aufgegeben hatte, sondern dass er sich an seinen Vorsatz hielt. Aber selbst das war kein Hinderungsgrund mehr, einige Monate später wieder mit dem Rauchen aufzuhören.

Das Dumme an den Vorsätzen für das neue Jahr ist, dass sie in der Regel irgendwie mit Aufgeben oder Weggeben zu tun haben. Sie sind negativ – keine Ziele, sondern Anti-Ziele. Negativa existieren als Wörter, aber nicht im wirklichen Leben. Wir gehen nicht zum Einkaufen mit einer Liste, welche Lebensmittel wir *nicht* kaufen, und wir reisen nicht, indem wir *nicht* in den falschen Zug einsteigen. Sie können nicht im Negativen handeln; Sie müssen etwas *anderes* machen, irgendetwas.

Die erste Regel beim Aufstellen von Zielen lautet: Stellen Sie sicher, dass Ihr Ziel ein positiver Zustand oder eine positive Handlung ist. Nicht mehr depressiv sein, das Rauchen aufgeben, abnehmen – das sind alles negative Formulierungen; an all diesen Beispielen ist nichts verkehrt, aber sie sind negativ in dem Sinn, dass Sie sich von etwas wegbewegen, das Sie nicht wollen, statt auf etwas zu, das Sie wollen.

Negative Ziele funktionieren nicht, weil Sie letztlich Ihre Aufmerksamkeit auf etwas heften, das Sie sowieso nicht wollen. Was auch immer das ist, wahrscheinlich war oder ist es anziehend, sonst hätten Sie es von vornherein schon gar nicht gewollt. Sie müssen es immer noch wollen, sonst würden Sie es einfach fallen lassen, ohne viel Aufhebens darum zu machen, und sich auf etwas anderes konzentrieren. Also muss dieses Ziel noch einen Wert für Sie darstellen. Aber jetzt haben Sie beschlossen, Sie brauchen es nicht. Das Ergebnis ist ein innerer Bürgerkrieg.

Als ich Mitglied in unserem Fitnessstudio wurde, absolvierte ich zuerst ein Übungsprogramm, bei dem ich unter der Aufsicht eines Trainers an einen Herzmonitor angeschlossen wurde. In der anschließenden Erholungsphase zeigte der Monitor meinen Puls mit 85 bis 90 Schlägen in der Minute an. Ich stellte mir 70 auf dem Monitor vor und atmete dabei gleichmäßig und konzentriert. In weniger als einer Minute war mein Puls auf 75 Schläge zurückgegangen. Diese Art von Biofeedback wurde schon ausgiebig erforscht. Mit Hilfe unserer bewussten Gedanken können wir zu einem gewissen Grad unsere Physiologie kontrollieren, aber dabei muss man sich auf das konzentrieren, was man will, nicht auf das, wovon man weg will.

Gehen Sie also beispielsweise nicht mit der Einstellung zum Arzt, dass Sie keine Schmerzen spüren wollen, denn dann werden Sie nach dem leisesten Anzeichen von Schmerz Ausschau halten, um ihn zu stoppen, und das wird Sie sehr schmerzempfindlich machen. Wenn Sie sich auf das konzentrieren, was Sie wollen, dann haben Sie genau diesen Gedanken oder diese Stimmung geschaffen. Denken Sie also im obigen Beispiel daran, sich wohl zu fühlen, statt daran, Schmerz zu vermeiden.

Die zweite Regel für das Setzen von Zielen lautet: Verfolgen Sie Ihren Erfolg! Es ist sinnlos, sich ein Ziel zu setzen, ohne die Möglichkeit zu überprüfen, ob man auf dem richtigen Weg ist oder nicht. Es genügt nicht, sich selbst die richtige Richtung zu zeigen und dann das Beste zu hoffen.

Ob Sie auf dem richtigen Weg sind, können Sie überprüfen, indem Sie auf das Negative achten, das heißt auf die Entfernung zwischen dem Punkt, an dem Sie sich derzeitig befinden, und Ihrem Ziel. Dann können Sie Ihr Handeln unterwegs anpassen.

Vor einigen Jahren hielt ich eine Schulung für ein Verkaufsteam ab und fragte die Leute, wie sie wüssten, dass sie auf dem richtigen Weg seien. Die häufigste Antwort lautete: „Na ja, der Kunde kauft das Produkt." Das ist so als würden Sie sagen, dass sie nur dann darum wissen, auf dem richtigen Weg zu sein, wenn Sie Ihr Ziel erreichen. Diese Verkäuferinnen und Verkäufer mussten lernen, die Körpersprache ihrer Kunden zu verstehen und auf deren Worte zu hören, um festzustellen, ob es zu dem Verkauf kommen würde – und sie brauchten diese Fertigkeiten während des gesamten Verkaufsgesprächs.

Ein Experiment: Richtungen bestimmen

Es lohnt sich, diesen Prozess einmal im Jahr zu machen. Sie können ihn jederzeit durchführen. (Silvester bietet sich vielleicht nicht unbedingt an.)

- Wählen Sie zuerst die allgemeinen Lebensbereiche, die Ihnen wichtig sind. Zum Beispiel: Gesundheit, Arbeit, Geld, Vergnügungen, Beziehungen, Spiritualität.
- Was wollen Sie in und mit diesen Bereichen?
- Stellen Sie sich vor, ein Jahr ist vergangen und Sie blicken auf dieses letzte Jahr zurück. Wie möchten Sie sich fühlen? An welchem Punkt möchten Sie sein? Welche Erfolge möchten Sie erzielt haben? Was soll anders sein?
- Wenn Sie einige allgemeine Richtungen haben und eine Vorstellung davon, wie Sie weitermachen wollen, setzen Sie sich ein paar spezifischere Ziele, die Sie in diese Richtung führen. Vergewissern Sie sich, dass die Ziele positiv sind und nicht mit Vermeiden, Verlieren, Wegnehmen oder Aufgeben zu tun haben. Auf welche Leistungen wollen Sie nächstes Jahr zurückblicken? Bestimmen Sie für jeden Lebensbereich mindestens drei.

Überlegen Sie jetzt, womit Sie in diesen Bereichen derzeit unzufrieden sind.

- Berücksichtigen Ihre Ziele diese Unzufriedenheiten? Wenn es Ihnen gelänge, diese Ziele zu erreichen, wären Sie dann nicht mehr unzufrieden?

- Falls nicht, setzen Sie sich mehr Ziele oder ändern Sie eines von Ihren derzeitigen Zielen so ab, dass es diese Themen mit berücksichtigt. Diese Unzufriedenheiten sind Ihre Marker. Inwieweit diese Probleme gelöst sind, ist das Maß, nach dem Sie entscheiden können, wie erfolgreich Sie waren.

In den ländlichen Gegenden Irlands war es Tradition, dass zur Hauptmahlzeit einer Familie immer ein Platz mitgedeckt wurde, der, ebenso wie der dazugehörige Stuhl, leer blieb. Dies war der Platz für den nicht eingeladenen Gast, den überraschenden Besucher, der sehr freundlich empfangen wurde. Ich lasse in jedem Bereich meiner Liste Platz für einen nicht geladenen Gast, für ein überraschendes Ziel, eines, das ich nicht vorhersagen kann, das aber eine wichtige Errungenschaft darstellen wird und mir in die gewünschte Richtung weiterhilft. Ich heiße jedes Jahr einen nicht geladenen Gast willkommen. Manches Jahr auch mehrere.

Wenn Sie Ihre Ziele gefunden haben, notieren Sie darunter die wichtigsten Ressourcen, über die Sie verfügen und die Ihnen beim Erreichen des Zieles helfen können. Solche Ressourcen können Freunde sein, Kollegen, Geräte, Besitz, Fertigkeiten und Ihre eigene Charakterstärke.

Bestimmen Sie schließlich, wie Sie im Laufe des Jahres Ihren Fortschritt überprüfen werden. Setzen Sie Zeiten über das Jahr verteilt fest, zu denen Sie Ihre Ziele überprüfen und zu denen Sie messen, wie weit Sie gekommen sind. Das kann alle paar Wochen sein, vielleicht alle paar Monate – das kommt ganz auf Ihre Ziele an.

Manche Menschen schieben es auf, sich Ziele zu setzen, denn sie glauben, sie würden sich so die Rute selbst flechten. Sie verwechseln Aufgaben und Ziele. Ziele sind das, was man will, Aufgaben sind das, was man tun muss, um Ziele zu erreichen.

Ihre Reise

Ein Ziel zu erreichen ist wie eine Reise unternehmen. Sie sind von einem Punkt ausgegangen. Das ist Ihre derzeitige Situation. Das Ziel ist der Ort, an den Sie gelangen wollen, Ihre erwünschte Situation. Es gibt zwei Gründe zu reisen: Entweder Sie fühlen sich nicht wohl, wo Sie jetzt sind, und wollen aus der Situation heraus, oder das, was Sie sich vorstellen, ist anziehend und motiviert Sie, sich von Ihrem derzeitigen Standort zu entfernen. Jede Zielsetzung und Veränderung ist eine Kombination aus diesen beiden Gründen: Unzufriedenheit mit dem Alten und die Attraktion des Neuen.

Ich war beispielsweise mit meinem letzten Computer recht zufrieden, auch wenn er seine netten Marotten hatte. Er war drei Jahre alt, was ihn in der Computerwelt zu einem archäologischen Relikt machte. Dann fand ich detailliert heraus, welche Geräte jetzt erhältlich waren, und plötzlich war ich nicht mehr so zufrieden mit meinem schrulligen Arbeitskollegen. Ich entdeckte immer mehr, womit ich unzufrieden war, und das Gerät entwickelte immer mehr Eigenheiten. Zum Beispiel fuhr es bisweilen in schwarzweiß hoch und nicht in Farbe. Ich wusste nie im Voraus, was dran sein würde, bis ich ihn einschaltete. Ich habe nichts gegen Ungewissheit, ich mag sie sogar gerne, aber nicht bei Computern. Deshalb kaufte ich einen neuen. Wenn ich mir neue Kleidung kaufe, bin ich meistens mit meiner derzeitigen Garderobe unzufrieden, ohne dass ich etwas Spezielles gesehen habe, das ich haben möchte.

Was auch immer Ihre Motivation ist, denken Sie daran, das Ziel positiv zu formulieren. Es ist nicht immer nötig, Ziele besonders präzise zu formulieren. Lassen Sie ein wenig Spielraum, etwas Platz für Ungewissheit, Raum dafür, dass die Welt Sie überraschen kann. Außer wenn Sie genau wissen, was Sie wollen, und wissen, dass es das auch wirklich gibt (wie ein neuer Computer oder neue Kleidung), seien Sie bereit, das zu nehmen, was sich als am besten passend erweist. Ideale existieren nicht, darum sind es ja Ideale – sie sind etwas, nach dem man strebt. Der griechische Philosoph Platon glaubte, dass alles, was er in dieser Welt sah, nur eine schwache Reflexion einer idealen Form war, die in einer idealen Welt existierte. Wenn man sehr spezifische Ziele setzt, geht man das Risiko ein, zu verpassen, was man haben kann, auch wenn es nicht perfekt ist, weil man nach etwas strebt, das wahrscheinlich gar nicht existiert.

Ich kenne einige unglückliche Menschen, die Jahre damit zubrachten, den perfekten Partner zu finden und Partner abgewiesen haben, weil die nicht passten. Der perfekte Partner existierte nur in ihrer Vorstellung. Ein Mann, den ich kannte, versuchte viele (lebendige, reale) Frauen seiner Schablone anzupassen, aber jedes Mal büßten sie den Heiligenschein ein, den er ihnen aufgesetzt hatte. Ja, der Heiligenschein wurde sogar zur Schlinge: Die Frauen wurden von seinen Erwartungen geradezu stranguliert. Die Jagd nach dem perfekten Haus ist ein weiterer Bereich, in dem das Beste der Feind des Guten ist: Man sucht das ideale Haus, aber gibt sich letzten Endes mit dem Nächstbesten, das man finden kann, zufrieden.

Manche Menschen sind allerdings nie zufrieden. Mein Onkel schrieb jahrelang einen Roman. Er stellte ihn mehrmals fertig, bot ihn aber nicht Verlagen an, weil er Angst hatte, er sei nicht gut genug. Er schrieb ihn mehrere Male um, betrachtete ihn allerdings nie als gut genug, deshalb landete er nie auf dem Schreibtisch eines Lektors – und das, obwohl sein Ziel war, den Roman zu veröffentlichen. Man könnte meinen Onkel als Perfektionisten bezeichnen, aber das ist eine andere Art zu sagen, dass er seine Schwelle unrealistisch hoch setzte. Alle Tugenden werden zu Lastern, wenn man sie zu weit treibt. Dort, wo man mit Liebe und Fürsorge etwas einfordert und wo man mehr auf die eigenen Erwartungen achtet als auf das tatsächlich Vorhandene, entsteht der Boden für Perfektionismus. Das andere Extrem ist Gleichgültigkeit, mit der man nicht wertschätzt, was man hat und was man will.

Werte

Ziele sind immer mit Werten verbunden. Man unternimmt nichts, das man nicht für wichtig hält. Die eigenen Werte bestimmen auch, wie man vorgeht, um das zu bekommen, was man sich wünscht. Sobald Sie Ihre Ziele setzen, beginnen Sie, auf sie hinzuarbeiten. Ziele sind immer motivierend, aber das, was man für sie tun muss, ist es vielleicht nicht immer. Ob Sie Ihre Ziele erreichen, hängt davon ab, wie flexibel und kreativ Sie im Rahmen Ihrer Werte sind.

Zu meiner Schulzeit hatten wir einen besonders mürrischen Hausmeister. Er hatte einen kleinen schwarzen Schnurrbart und wurde hinter seinem Rücken als Hitler beschimpft. Sein Zimmer war neben dem Kesselraum. Es war immer unangenehm warm, die Wände waren ungleichmäßig gestrichen und es roch stark nach Wasser und Seife. Er schlich oft in der Schule umher und wollte unbedingt Ärger haben. Ich erinnere mich, dass einmal eine Gruppe von uns zum Nachmittagsunterricht zu spät kam und den Weg durch eine Seitentür abkürzen wollte. Da war er. „He!", brüllte er uns an. „Da könnt ihr nicht rein! Geht gefälligst zur Haupttür rein, wie alle anderen auch!" „Wir sind spät dran", antwortete mein Freund. „Hier geht es schneller. Was ist verkehrt daran, diese Tür zu benutzen?" „Das widerspricht den Regeln." „Welchen Regeln? Zeigen Sie mir die Regeln, die besagen, dass wir diese Tür nicht benutzen dürfen!" „Nein nein, mein Junge, du zeigst mir eine Regel, die besagt, dass du die Tür benutzen darfst!"

Ich erinnere mich an diesen Wortwechsel, weil er zwei völlig unterschiedliche Weisen zeigt, mit Regeln, Werten, Arbeit und vielleicht sogar dem Leben umzugehen. Der eine Ansatz geht davon aus, dass alles, was nicht ausdrücklich erlaubt ist, verboten ist. Wenn es also keine Regel gibt, die besagt, dass man etwas tun kann, darf man es nicht tun. Dies war die Einstellung unseres Hausmeisters. Sie wird auch römisches oder Napoleon'sches Recht genannt. Es schränkt den Handlungsradius ein und ist nicht flexibel genug, sich an sich ändernde Umstände anzupassen. Es macht die beteiligten Menschen eher ängstlich und unsicher oder überzeugt sie davon, dass sie Recht haben (eine viel gefährlichere Haltung). Für diese Einstellung ist jegliche Veränderung des Status quo gefährlich, deshalb ist es schwierig, neue Handlungsweisen einzuführen. Römisches Recht ist Veränderungen gegenüber sehr resistent.

Der andere Ansatz ist als Gewohnheitsrecht bekannt und geht davon aus, dass alles erlaubt ist, was nicht eindeutig verboten ist. Das Gewohnheitsrecht gewährt viel mehr Freiheit und Flexibilität. Man kann sein Handeln auf der Grundlage von Werten statt von Regeln selbst bestimmen. Veränderungen und Innovationen sind hier viel leichter zu erreichen. Wenn etwas nicht funktioniert oder sich als schlecht herausstellt, dann stellt man einfach eine Regel dagegen auf. Wir alle haben diese Einstellung als Kinder – wir entdecken uns die Welt, während unsere Eltern die Regeln liefern, die uns Sicherheit bieten.

Die beste Art zu entscheiden, wie Sie Ihre Ziele erreichen, ist: möglichst kreativ und flexibel sein und gleichzeitig ganz klare moralische und ethische Grenzen über das Akzeptable haben.

Ein Experiment: Die inneren Gesetze

Welche inneren Gesetze haben Sie darüber, wie Sie Ziele erreichen? Wie ist Ihre geistige Verfassung beschaffen?

- Römisches Recht sorgt für einen Polizeistaat. „Darf ich das tun?" ist die Frage, die Sie sich unter römischem Recht stellen müssen. Sie müssen um Erlaubnis bitten. Das ist vielleicht eine negative Art, die Welt zu betrachten, aber sie bietet Grenzen und Werte, nach denen man leben kann.
- Gewohnheitsrecht hingegen macht Ihr inneres Reich zu einer Demokratie. „Ist das verboten?" ist die Frage, die Sie sich unter Gewohnheitsrecht stellen. Selbstverständlich gibt es immer noch moralische, ethische oder gesellschaftliche Grenzen, aber innerhalb derer haben Sie viel mehr Freiheiten.

Wenn Sie das nächste Mal denken: „Das kann ich nicht machen!", fragen Sie sich: „Warum nicht?"

- Meinen Sie nur, dass Sie es nicht tun können, oder wissen Sie es ganz genau?
- Welche Grenzen und Werte überschreitet Ihr Handeln?
- Nach welchen Regeln leben Sie?
- Gleicht Ihr ‚inneres Reich' eher einer Demokratie oder einem Polizeistaat?

Unvorhergesehene Folgen

Unabhängig davon, welche Regeln wir haben, geben wir innerhalb dieser Regeln unser Bestes – und können sicher sein, dass es unvorhergesehene Folgen gibt. Manchmal funktioniert etwas trotz unserer größten Bemühungen nicht so, wie wir es wollen

oder erwarten. Der Weg zur Hölle ist mit guten Vorsätzen ge-
pflastert – und die besten Vorsätze stellen die größten Pflaster-
steine dar. Je ehrbarer Ihre Absicht, desto größeres Chaos kann
sie hervorrufen. Manchmal ist auch der Weg mit guten Absichten höllisch.

Ich denke, wir haben alle schon einmal erlebt, dass wir eine
völlig arglose Bemerkung machten und jemand sie völlig falsch
auffasste. Vor einigen Jahren arbeitete ich mit einer karitativen
Organisation im Bildungsbereich zusammen. Eine Frau hatte mir
von ihren Bemühungen berichtet, die Menschen in der Nachbar-
schaft auf die Organisation und ihre gute Arbeit aufmerksam zu
machen. Sie erzählte mir, die örtliche Presse habe einige sehr positive Berichte über sie veröffentlicht. Ich antwortete darauf:
„Die Berichte über uns sind immer positiv. Die ganze Organisation arbeitet momentan sehr gut." Auf einmal war die Dame sehr
wütend. Sie warf mir einen vernichtenden Blick zu. „Wie können
Sie es wagen, meine Arbeit so herabzusetzen!", schrie sie und
stürmte beleidigt davon.

Ich war völlig perplex. Was hatte ich gesagt? Ich wusste natürlich, was ich gesagt hatte, was aber hatte sie gehört? Was
hatte sie daraus gemacht? Sie hatte es möglicherweise so ver-
standen, dass ich sagen wollte, ihre Arbeit spiele keine Rolle,
denn die Organisation arbeite ohnehin erfolgreich. Diese Bedeutung unterschied sich enorm von meiner.

Manche Menschen haben ein Talent dafür, Bemerkungen
falsch aufzufassen oder einer beiläufigen Äußerung alle möglichen merkwürdigen Bedeutungen beizumessen. Kennen Sie
den Witz von den zwei Psychiatern, die sich auf der Straße be-
grüßen? „Guten Morgen", sagt die eine zum anderen. Der andere
antwortet nicht, sondern zieht seine Augenbrauen zusammen
und geht kopfschüttelnd weiter. „Was hat sie damit nur gemeint?", wundert er sich im Stillen.

Freilich passiert das umgekehrt genauso. Unzählige Male habe ich mich verletzt gefühlt und auf eine Bemerkung reagiert, während mich die andere Person ratlos anblickte und ungefähr Folgendes sagte: „He, versteh das nicht falsch!"

Wir alle missverstehen andere und werden von ihnen missverstanden. Das scheint der Preis zu sein, den wir für unser Gehirn zahlen. In jeder Kommunikation gibt es mindestens zwei Bedeutungen: die, die Sie meinen, und die, die beim anderen ankommt. Manchmal decken sie sich. Meistens passen sie zumindest so gut zueinander, dass wir zurechtkommen. Manchmal prallen sie entsetzlich aufeinander.

Hier ist noch so eine Ironie des Lebens: Wir beurteilen uns nach unseren Absichten. Wenn alles gut geht, bekommen wir die Anerkennung dafür. Wenn alles schief geht, haben wir es nicht so gemeint. Wir sind bestenfalls unschuldig, haben Pech oder waren schlimmstenfalls gedankenlos. Andere hingegen beurteilen wir nach den Ergebnissen ihres Handelns aus unserer Sicht. Wenn Sie uns verletzen, gehen wir vielleicht davon aus, sie hätten das absichtlich getan oder sie waren bestenfalls inkompetent und gedankenlos, schlimmstenfalls dumm und boshaft.

Wie wäre es, diese Sichtweise umzukehren? Wie wäre es, andere nach ihren Absichten zu beurteilen und uns selbst nach unseren Resultaten? Dann könnten wir eine Katastrophe nicht damit rechtfertigen, dass wir sagen, wir hätten es ja gut gemeint. Wenn jemand anders etwas falsch auffasste und sich die Dinge nicht nach unserem Wunsch entwickelten, müssten wir unser Verhalten ändern statt zu versuchen, den anderen Menschen zu ändern. Wenn jemand auf unseren Empfindlichkeiten herumtrampelte, würden wir ihn ebenso nicht mehr automatisch für dumm halten, sondern ihm immerhin zugute halten, dass er in seiner Welt wohlmeinend war. Das würde dem Anderen nicht notwendigerweise Recht geben und wir müssten immer noch für unser Überzeugungen eintreten, aber wir wären vielleicht neugierig auf die Motive des Anderen, statt zu urteilen.

Dann müssten wir auch damit aufhören, Vorwürfe zu machen. Vorwürfe sind wie der Albtraum des Spieles „Das Päckchen weitergeben" – immer wenn die Musik aufhört, muss sich derjenige, der das unangenehme Bündel in der Hand hat, schlecht fühlen. Jeder spielt mit in der Hoffnung, dass die Musik weiterspielt. Aber kein Mitspieler kann auf die Musik Einfluss nehmen. Vorwürfe helfen niemandem und können auch unfair sein – wir sehen die Handlungen der Anderen, kennen aber ihre Absichten nicht genau. Wir können nicht in ihren Kopf hineinschauen und sehen, wie sie die Situation wahrnehmen. Wir können nur raten, basierend auf unseren eigenen Erfahrungen – die von unserer Kultur, unserer Erziehung, unserer Hauptbeschäftigung, unseren Interessen, Stimmungen, ja selbst der Tageszeit abhängen.

Im Grunde genommen können wir nur auf einen winzigen Bruchteil aller möglichen Bilder, Geräusche, Gerüche, Geschmacksnuancen und Gefühle achten. Jetzt im Augenblick achten Sie auf dieses Buch (so hoffe ich zumindest!) und vielleicht auf Ihre allgemeine Körperhaltung, aber wahrscheinlich nicht auf alle Geräusche um Sie herum. Wir alle selektieren, worauf wir unsere Aufmerksamkeit richten, und diese Selektion beruht darauf, was uns zu diesem Zeitpunkt wichtig ist. Die Bedeutung fügen wir anschließend hinzu.

Ich schreibe diese Zeilen um die Weihnachtszeit. Wenn ich die Hauptstraße entlanggehe, schaue ich die Geschäfte an und denke über Weihnachtsgeschenke für meine Familie nach. Statt Waren zu sehen, sehe ich Geschenke. Ein andermal schaue ich vielleicht genau die gleichen Waren an, aber sie haben nicht die gleiche Bedeutung für mich. Ich bemerke sie vielleicht nicht einmal, weil ich keine Verwendung für sie habe.

Von allen möglichen Erfahrungen, die wir haben könnten, treffen wir eine Auswahl, messen ihnen eine Bedeutung bei, stellen Vermutungen über sie an und treffen Entscheidungen. Und erst danach (was vielleicht nur ein Sekundenbruchteil dauern kann) handeln wir. Eine Reihe von Erfahrungen wird komprimiert und gefiltert und führt zu einer geringen Zahl von Entscheidungen und Handlungen.

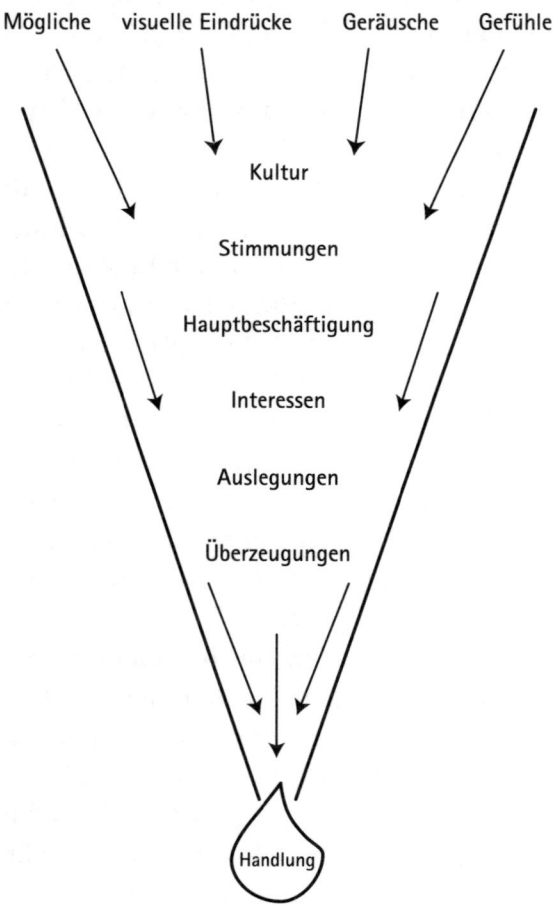

Der Trichter des Erlebens.

Schauen Sie sich den „Trichter des Erlebens" an. Mögliche Bilder und Geräusche stehen ganz oben; Entscheidungen und Handlungen ganz unten. Dazwischen befindet sich eine unsichtbare Welt, die ihren eigenen Regeln gehorcht. Unsere Vernebelungen finden in der Mitte statt, an dem Punkt, an dem unsere Vermutungen und Vorstellungen realer erscheinen als irgendwelche sensorischen Erfahrungen, die von oben hereinkommen. Auch haben die Handlungen ganz unten die Tendenz, die Auswahl, die wir treffen, zu verstärken. Wenn ich gerne Bücher von Terry Pratchett lese, wähle ich seine Bücher bevorzugt aus. Worüber ich nichts lese, weiß ich nichts. Wenn mich jemand an einen Menschen erinnert, der mich in der Vergangenheit schon einmal betrogen hat, dann bin ich vorsichtig, stelle seine Entscheidungen in Frage und schon bald wird er das Gefühl haben, dass ich ihm nicht vertraue. Deshalb wird vielleicht auch er vorsichtig und zieht sich zurück, was mich dazu bringt, ihn immer stärker in Frage zu stellen. Wenn wir handeln, als wäre etwas Wirklichkeit, dann kann es auch bald Wirklichkeit werden.

Ein Experiment: Missverständnisse vermeiden

Wenn Sie glauben, Sie seien missverstanden worden, gehen Sie nicht davon aus, dass es ein Richtig und ein Falsch gibt. Es gibt zwei Sichtweisen. Der Unterschied besteht in den unterschiedlichen Vermutungen und Interpretationen der Geschehnisse. Zwei wichtige Fertigkeiten helfen Ihnen, Missverständnisse zu vermeiden:

- Erstens müssen Sie Ihr Denken den Beteiligten verdeutlichen. Beginnen Sie immer mit Ihrer Sichtweise. Sagen Sie etwa: „Folgendes sah, hörte und fühlte ich ..." Sagen Sie dann, was Sie deshalb vermuten: „Deshalb gehe ich davon aus, dass ..."

Ziehen Sie dann Ihre Schlussfolgerung: „Deshalb dachte ich ..., weil ..." Das macht Ihr Denken dem oder der Gegenüber klarer. Der oder die andere kann nachvollziehen, wie Sie zu Ihrer Schlussfolgerung kamen.

- Als zweiten Schritt müssen Sie Näheres über die Vermutungen der anderen Person herausfinden. Gute Fragen hierfür sind: „Was veranlasst Sie, dies zu sagen oder zu tun?" „Was war es, das Sie zu dieser Schlussfolgerung veranlasst hat?" „Können Sie mir helfen, nachzuvollziehen, wie Sie zu diesem Schluss kamen?"

Sie stimmen dem anderen Menschen vielleicht immer noch nicht zu, aber Sie werden den jeweiligen Punkt, Ihre Denkweise und die des anderen viel besser verstehen.

Statt zu versuchen, den Standpunkt der anderen Person zu verstehen, stellen wir oft einfach ihre Schlussfolgerung in Frage. Dadurch rutscht sie in die Position, ihre Ansicht zu verteidigen. Keiner irrt sich gerne. Wenn unsere Ansicht angefochten wird, verteidigen wir sie auch. Statt uns gegenseitig besser zu verstehen, verteidigen wir unsere Meinung nur umso leidenschaftlicher.

Wir glauben zwar, wir reagieren auf die äußere Welt, doch meistens reagieren wir auf unsere innere; Schlussfolgerungen werden da rasch zu Tatsachen. Die meisten dieser Etiketten entstehen in unserem Kopf durch unser Selbstgespräch. Unser Erleben wird geprägt von den Worten, die wir hören, und von denen, die wir anderen und uns selbst gegenüber verwenden.

Kapitel 4
Selbstgespräch

Vor der Geburt unserer ersten Tochter brüteten meine Frau und ich lange über Namensbüchern, um zu entscheiden, wie sie heißen soll. Diese Bücher werden zwar als „Lexikon der Kindernamen" verkauft, doch unseren Namen haben wir unser ganzes Leben. Es ist eine enorme Verantwortung, einem anderen Menschen einen Namen zu geben und ihn damit gesellschaftlich zu prägen. Wir wollten einen Namen, der uns gefällt, der nicht irgendwie peinlich abgekürzt werden kann und der zum Familiennamen passt. Ein Name ist ein Wort; doch für jeden und jede von uns ist wahrscheinlich der eigene Name das wichtigste Wort in der ganzen Sprache. Auf ihn achten wir immer. Wenn wir heranwachsen, scheinen wir auch in unseren Namen hineinzuwachsen.

Worte sind sehr mächtig. Ich habe englische Schulkinder ein Lied singen hören: „Stöcke und Steine brechen vielleicht meine Knochen, aber die Wörter können mich nicht verletzen." Doch Worte können uns sehr wohl verletzen. Sie brechen uns vielleicht nicht die Knochen, doch sie können unser Herz brechen und unsere Grenzen einreißen. Sie können Traurigkeit oder Freude hervorrufen, obwohl wir selbst die Traurigkeit und Freude als Reaktion auf die Worte erzeugen. Worte haben Macht, weil sie unser Denken und Erleben formen. Sie bilden die Grenzen unseres Denkens. Aber sie können uns auch neue Möglichkeiten eröffnen – und sie wieder verschließen.

Sprachlich ist alles möglich – wir setzen einfach die Worte und schwuppdiwupp, schon entsteht eine Art Wirklichkeit, ob sie nun Sinn ergibt oder nicht. Zum Beispiel können wir in der

Sprache Handlungen ausdrücken, in denen es keinen Handelnden gibt. Als meine Tochter drei Jahre alt war und, wie die übrige Familie, eine Vorliebe für Schokolade entwickelte, schlich sie sich eines Nachmittags mit recht selbstgerechtem Blick an mich heran. „Wenn man Schokolade herumliegen lässt, wird sie gegessen", sagte sie. Sie drehte sich um und ging wieder hinaus. Ich vermutete, sie hatte die Schokolade gegessen, die wir auf dem Tisch unten hatten liegen lassen. Mir gefiel die Art, wie sie die Verantwortung auf „man" geschoben hatte, der die Schokolade hatte liegen lassen, und damit gleichzeitig ein Geständnis verband. Es war Schokolade auf dem Tisch, die Schokolade wurde gegessen, aber niemand hatte das getan – zumindest ihrer Aussage nach.

Einen ähnlichen Sprachgebrauch höre ich in der Politik. Oft „werden Fehler begangen", als ob sie aus sich selbst heraus existierten, ohne dass irgendwer etwas damit zu tun hätte. Es ist ein Zauberspruch, ein magischer Trick, der die Menschen aus Handlungen verschwinden lässt.

Auch ein Soundclip ist ein magischer Zauber, ebenso Sätze ohne Verben und unklare Beschreibungen. Sie wirken irgendwie gespenstisch. Sie hängen mitten in der Luft wie das Grinsen der Katze in *Alice im Wunderland*, es hängt auch dann noch im Raum, wenn der Rest der Katze längst verschwunden ist. Soundclips schreien danach, mit etwas verbunden zu werden. Sie beziehen ihre Kraft aus der Bedeutung, die wir ihnen beimessen. Weil sie so vage sind, suchen wir nach der für uns am meisten befriedigenden Bedeutung. Auch Wörter können wir kaum hören, ohne ihnen eine Bedeutung zu geben. Dadurch geben wir ihnen Macht. Worte sind die erste Wahl, wenn wir andere Menschen beeinflussen und umstimmen wollen. Sobald wir jemanden umstimmen, ändern wir seine Realität. Dann ist er in einer Welt, in der unsere Vorschläge Sinn ergeben, was vorher nicht der Fall war.

Die meisten Menschen führen Selbstgespräche, und auch diese Selbstgespräche sind machtvoll. Die Worte, mit denen wir mit uns selbst sprechen, gestalten die Wirklichkeit, in der wir leben, mit. Manchmal reden wir mit uns selbst auf eine Art und in einem Tonfall, wie wir es von niemand anderem akzeptieren würden. Selbstwertgefühl ist der Respekt uns selbst gegenüber. Unsere Art, mit uns selbst zu reden, kann unser Selbstwertgefühl steigern oder verringern.

Ein Experiment: Das Selbstgespräch belauschen

Nehmen Sie sich einen Moment Zeit, um Ihre innere Stimme zu überprüfen.

* Wie sprechen Sie mit sich selbst? Was sagen Sie, wenn Sie einen Fehler gemacht haben oder etwas schief gegangen ist? Sagen Sie: „Ich bin dumm", sagen Sie: „Du bist dumm", oder sagen Sie: „Das war dumm"?
* Probieren Sie alle Sätze der Reihe nach aus. Welche Wirkung zeigen sie? Sagen Sie sie alle im gleichen Tonfall oder ändert sich Ihr Tonfall? „Ich bin dumm" fühlt sich in der Regel unmittelbarer an – man bezeichnet die Dummheit als Teil seiner Selbst. „Du bist dumm" verschafft uns Abstand von uns selbst, vielleicht von dem dummen Anteil in uns. „Das war dumm" beschreibt die Qualität der Handlung, nicht unsere. Dies ist der präziseste der drei Sätze – mit ihm fühlen wir uns in der Regel besser als mit den anderen beiden.
* Denken Sie an eine Zeit, in der Sie sich mit sich selbst wirklich gut fühlten. Sagen Sie: „Ich war gut", „Du warst gut" oder „Das war gut"?
* Probieren Sie wieder alle drei Varianten aus und erfühlen Sie den Unterschied. Welcher Satz ist Ihnen am liebsten?

Üblicherweise fühlt sich die Ich-Aussage am besten an. Sie *beinhaltet* das gute Gefühl. Variiert Ihr Tonfall, je nachdem, welchen Satz Sie sagen?

Unterschiedliche Worte verschaffen ein unterschiedliches Erleben, ebenso ein unterschiedlicher Tonfall. Aufgrund dieser Aspekte kann Ihr Selbstgespräch Sie stärken oder schwächen.

Der innere Tyrann

Die meisten von uns haben einen inneren Tyrannen, der uns zusetzt, eine Stimme, mit der wir zu uns selbst sprechen, wenn wir das Gefühl haben, wir sollten etwas tun, uns aber gefühlsmäßig nicht danach ist.

Der innere Tyrann (oder die innere Tyrannin) verfügt nur über einen geringen Wortschatz, der hauptsächlich aus den Wörtern „kann nicht", „sollte" (drückt eher den eigenen Anspruch aus), „muss", „darf nicht", „müsste" (drückt eher die Erwartungen anderer aus) und „dürfte nicht" besteht. Er kann aggressiv sein und eine herrische Stimme haben. Er kann Sie mit seinem Gejammer schikanieren. Er kann Ihnen zweifellos das Leben zur Hölle machen. Zu seinen Spezialitäten gehört, gute Absichten, besonders Neujahrsvorsätze, zunichte zu machen. Alle Ziele, die man sich als Reaktion auf den inneren Tyrannen setzt, sind in der Regel negative Ziele. „Du musst damit aufhören!", sagt er uns, deshalb versuchen wir es – nicht, weil wir wirklich wollen, sondern weil wir das Gefühl haben, wir „müssen". Dann schnaubt unser inneres Kind verächtlich und verweigert die Zusammenarbeit und Kooperation. Kein Wunder, dass solche Ziele nicht lange währen.

Ein Experiment: Umgang mit dem inneren Tyrannen

Haben Sie einen inneren Tyrannen (oder eine innere Tyrannin)?

- Hören Sie darauf, wie Sie mit sich selbst reden, wenn Sie sich sagen, dass Sie etwas tun sollten oder nicht tun sollten. Ist es Ihre Stimme? (Oft ist es die Stimme eines Elternteils oder eines Lehrers.) Mit welchem Tonfall spricht sie? Ist sie laut oder leise? Tief oder schrill? Scheint sie aus dem Inneren Ihres Kopfes zu kommen oder von außen?
- Versuchen Sie, sie an eine andere Stelle zu verschieben. Ist ihre Wirkung auf Sie jetzt anders?
- Lassen Sie jetzt die Stimme in einem angenehmen Tonfall sprechen und hören Sie Ihre eigene Stimme, falls das nicht schon der Fall ist. Hören Sie genauer hin, was diese Stimme sagt. Macht sie Ich-Aussagen wie: „Ich muss das wirklich tun" oder Du-Aussagen wie: „Du musst das wirklich tun" oder sagt sie so etwas wie: „Das muss wirklich getan werden"? Experimentieren Sie mit allen drei Möglichkeiten. Wie wirken sie sich aus?

Um mit dem inneren Tyrannen umgehen zu können, stellen Sie zuerst fest, welche Worte er verwendet und welche die stärkste Wirkung auf Sie ausüben.

- Sagen Sie sich folgende Sätze. Bei welchem empfinden Sie die stärkste Verpflichtung? Welcher wirkt am stärksten auf Sie? „Ich muss das tun." „Ich sollte das tun." („Sollte" als eigener Anspruch.) „Ich müsste das eigentlich tun." („Müsste" als die Erwartungen anderer.) „Ich habe das zu tun." Wann immer Sie solche Worte hören, bedeutet das, dass es eine Regel gibt, die Sie auf sich anwenden. Vielleicht ist es eine gute Regel, vielleicht aber auch nicht. Fragen Sie sich zuerst: „Was geschieht, wenn ich es nicht tue?" Welche Regel brechen Sie dann? Ist es eine Regel des Gewohnheitsrechts (tun Sie das also nicht, weil es *falsch* ist?) oder eine Regel des römischen Rechts (tun Sie das also nicht, weil Sie nicht wissen, ob es *richtig* ist?)? Ist die Regel sinnvoll? Wie stimmt sie mit dem überein, was Ihnen sonst im Moment wichtig ist?

- Zweitens können Sie alle diese Sätze umformulieren in „Ich kann das tun". Dadurch entsteht eine Wahlmöglichkeit. Aus dem Satz „Ich sollte abnehmen" wird dann zum Beispiel „Ich kann abnehmen".
- Entscheiden Sie sich dann. Sagen Sie entweder: „Ich werde das tun" oder „Das werde ich nicht tun". (Falls Sie sich nicht sicher sind, ist „Vielleicht tue ich das" am besten geeignet.)

Wagen Sie sich nun an die negativen Regeln:

- Sprechen Sie die folgenden Sätze aus: „Das darf ich nicht tun." „Das sollte ich nicht tun." „Das sollte ich eigentlich nicht tun." „Ich brauche das nicht tun." Welche Aussage wirkt am stärksten auf Sie?
- Wann immer Ihr innerer Tyrann einen dieser Sätze zu Ihnen sagt, fragen Sie sich: „Was passiert, wenn ich das tue?" „Steht etwas Wichtiges auf dem Spiel?" „Welche Regel könnte ich dadurch verletzen?" „Ist es eine sinnvolle Regel?" „Ist es eine Regel des Gewohnheitsrechts oder des römischen Rechts?"
- Entscheiden Sie sich dann. Sagen Sie: „Ich werde das tun" oder „Das werde ich nicht tun" oder falls Sie es noch nicht genau wissen „Vielleicht werde ich das tun".

Zu guter Letzt fragen Sie sich, welche positive Absicht diese Stimme für Sie hat. Tyrannen versuchen etwas Positives für sich selbst zu erreichen, üblicherweise Selbstwertgefühl. Was bewirkt diese Stimme für Sie, das wichtig ist? Sie muss eine positive Absicht haben, sonst hätten Sie sie nicht. Doch welchen wertvollen Beitrag sie auch liefert, wenn sie Sie schikaniert, ist das nicht die beste Art, ihr Ziel zu erreichen. Sie brauchen sich das nicht länger gefallen lassen.

Furcht und Sorge

Der innere Tyrann ist ein Beispiel für eine Art, wie wir mit uns selbst reden. Manchmal motivieren wir uns durch unser Selbstgespräch, manchmal reden wir uns selbst in Furcht und Sorge hinein.

Vor einigen Jahren machte ich mit meiner Familie Urlaub auf Hawaii. An vielen Stellen wurde dort Wasserskifahren, Gleitsegeln und Wassermotorradfahren angeboten. Ich hatte schon immer gleitsegeln wollen. Es schien mir die angenehme Erregung des Fallschirmspringens zu bieten, aber ohne die Gefahr, wirklich aus einem Flugzeug springen zu müssen. Man trägt einen Fallschirm und wird zum Abheben und Aufsteigen an einer Leine von einem Motorboot angezogen. Während des Gleitens bleibt diese beruhigende Rettungsleine am Boot befestigt. Als ich noch am Strand und in Sicherheit war, schaute ich den Gleitseglern zu, die hoch über dem Wasser dahinschwebten. Sie sahen großartig aus. Wir fanden einen Anbieter, der das aufregendste Gleitsegeln der ganzen Insel anbot – 300 Meter über dem Meer. Es klang wunderbar, deshalb buchten wir alle.

Als der vereinbarte Tag nahte, beschlich mich jedoch das unangenehme Gefühl, dass ich vielleicht, aber nur vielleicht, einen Fehler gemacht haben könnte. Andere, weniger angenehme Bilder begannen in meiner Vorstellung aufzutauchen und ersetzten die mentalen Bilder davon, heiter über dem Wasser zu schweben, die phantastische Aussicht zu genießen, während der Wind durch mein Haar streicht und ich meiner Familie unten im Boot zuwinke. Ich sah mich selbst ins Wasser stürzen, weil der Fallschirm sich nicht öffnete. Ich wusste, dass der Anbieter einen tadellosen Sicherheitsrekord hielt. Warum hatte ich nicht das Gefühl der Sicherheit? Weil die Situation für mich jetzt anders aussah, egal wie sicher Gleitsegeln in der Vergangenheit war. Jetzt wurde es ernst. Jetzt war ich an der Reihe. Es konnte auch etwas schief gehen. Interessant war, dass ich mir nur um mich Sorgen machte – um niemand anderen. Allen anderen ging es gut in meinem inneren Film. Ich wusste auch, dass Gleitsegeln mit sehr wenigen Risiken verbunden war, wahrscheinlich mit weniger als unser Flug nach Hawaii. Man ist beim Gleitsegeln nicht darauf angewiesen, dass komplexe Computersysteme perfekt funktionieren. Wenn eine echte Gefahr bestanden hätte, hätte ich es meinen Kindern nicht erlaubt. Ich stellte mir die Gefahr also nur vor. Und dennoch konnte ich immer noch vor mir sehen, wie ich ins Wasser stürzte.

Die Tage vergingen schnell, der gefürchtete, aber auch aufregende Termin war da und ich legte das Gurtwerk an. Ich betrachtete die Klammern. Würden sie halten? Mein Leben hing an zwei Metallklammern, die an einem Stück knallig roter und gelber Leinwand befestigt waren. Wir stiegen in das Boot und fuhren hinaus auf das offene Meer.

Dann war ich an der Reihe. Das war der Zeitpunkt, auf den ich mich gefreut hatte. Mein Magen revoltierte wie das Kielwasser des Motorbootes und ich stieg in die Lüfte. Jetzt ergab die Redewendung „das Herz schlug mir bis zum Hals" wirklich Sinn. Während ich höher und höher schwebte, krallte ich mich an den Seilen fest, als ob mein Leben davon abhing, bis ich feststellte, dass das nicht der Fall war. Mein Leben hing von den Klammern ab. Ich konnte meinen Griff lockern, meine Arme schwingen und so tun, als flöge ich – das änderte alles nichts an der Befestigung.

Deshalb ließ ich los, entspannte mich und blickte umher. Es war wunderbar. Ich konnte die Schatten der Korallen im Meer sehen, die Boote sahen wie Spielzeugboote aus und ich konnte die Insel mit ihrem Vulkan sehen. Das Erlebnis an sich vertrieb alle Gedanken daran, was geschehen könnte. Dann schien das Meer wieder näher zu kommen und ich wurde ins Boot zurückgeholt, ohne dass ich im Geringsten nass geworden war.

Ich genoss das Erlebnis unendlich, sowohl das blanke Entsetzen als auch das Hochgefühl. Meine Gedanken darüber hatte ich allerdings nicht genossen.

Gleitsegeln ist nicht gerade eine alltägliche Aktivität, aber es war ein wunderbares Beispiel für den Unterschied zwischen einer wirklichen und einer eingebildeten Gefahr. Wir fürchten die echte Gefahr; wir machen uns Sorgen und stellen uns innerlich eine vermeintliche Gefahr vor.

Furcht vor einer wirklichen Gefahr ist eine nützliche Emotion, sie ist nichts, was man meiden oder verdrängen sollte. Es ist gefährlich, sich in der Nähe von Menschen aufzuhalten, die keine Furcht kennen. Furcht ist Ihre Intuition, die Ihnen sagt, dass etwas nicht stimmt. Die Wurzel des Wortes „Intuition" bedeutet „unmittelbare Anschauung" und „Eingebung", und Furcht lässt Sie wissen, dass Sie sich in einer Situation befinden, die über das normale Risiko des Alltags hinausgeht. All unser Handeln ist mit einem gewissen Risiko verbunden, selbst wenn wir Vorsichtsmaßnahmen treffen, aber das hält uns nicht davon ab, die Straße zu überqueren oder Auto zu fahren. Aber wir überqueren die Straße auch nicht mit verbundenen Augen oder fahren in einem Auto mit defekten Bremsen. So manches, was wir tun, ist gefährlicher als Fliegen. Weil wir aber keine Kontrolle über das Flugzeug haben, fühlen wir uns verletzlicher. Ich mache mir vielleicht wegen des Fliegens Gedanken, aber ich fürchte mich nicht davor, außer ich habe einen guten Grund. Wenn wir sowieso keine Kontrolle haben, können wir uns ebenso gut auch zurücklehnen und die Erfahrung genießen, soweit es uns möglich ist. Wenn wir allerdings unser Handeln kontrollieren können, fühlen wir uns sicherer und besser.

Furcht ist eine Grundemotion und wird zumeist durch die Androhung von Gewalt ausgelöst. Gewalttätigem Handeln gehen immer intensive Emotionen und gewalttätige Gedanken voraus. Diese kommen in unserer Körpersprache zum Ausdruck. Wir verstehen diese Signale intuitiv und so macht uns Furcht auf wahrscheinliche Gewalt aufmerksam. Wenn Sie sich plötzlich fürchten, achten Sie auf das Signal, besonders wenn es anscheinend keinen offensichtlichen Grund dafür gibt.

Furcht ist also eine intuitive Reaktion auf die äußere Welt, die auf unserer persönlichen Erfahrung beruht und auf den Signalen, die wir von anderen Menschen empfangen. Furcht ist kein zu lösendes Problem, sondern ein Gefühl, auf das hin man handelt.

Sorge ist etwas anderes. Sorge wird in Ihrem Inneren durch Ihre Gedanken darüber hervorgerufen, was vielleicht geschehen könnte. Sorge fühlt sich anders an als Furcht. Wenn Sie Furcht und Sorge unterscheiden können, können Sie sich eine Menge Stress ersparen oder sich sogar das Leben retten.

Sich zu sorgen ist eine Form der Selbstschikane. Es ist Zeitverschwendung. Es ist die dunkle Seite des Tagträumens, der Preis, den wir für unsere angenehmen Phantasien zahlen. Wir tagträumen von Begebenheiten, die wir uns wünschen. Wir machen uns Sorgen über das, was nicht eintreten soll. Doch Tagträumen gilt als frivol und als Zeitverschwendung, wohingegen Sorge als legitimer Beweis ernster Bedenken betrachtet wird. Das ist Unsinn. Tagträumen ist eine Quelle des Vergnügens und kreativer Gedanken. Romanciers, Künstler und sogar Wissenschaftler verlassen sich auf das Tagträumen, um Ideen zu entwickeln und ihren Lebensunterhalt zu bestreiten. Aber auf Sorgen kann man sich nicht verlassen.

Sorgen brauchen einen Auslöser. Wir können uns wegen allem Sorgen machen: was passiert ist, was passieren könnte, was hätte passieren können, selbst über das, was nicht passiert ist oder nicht passieren könnte. Die meisten Sorgen drehen sich um die Familie und um Geld. Beide sind wichtig, zu wichtig, um sich wegen ihnen Sorgen zu machen, und wichtig genug, um über sie konstruktiv nachzudenken. Wie also können wir damit aufhören, uns über diese Lebensbereiche Sorgen zu machen?

Lassen Sie uns die Sorge genauer betrachten. Es gibt einige typische Merkmale:

1. Erstens findet Sorge ausschließlich im Kopf statt. Man handelt nicht. Die Wirklichkeit wird nicht überprüft. Meine Sorge über das Gleitsegeln basierte auf meinen Gedanken daran, was geschehen könnte, nicht auf Fakten. Dummerweise können wir uns Sorgen machen, sobald etwas möglich ist, wie unwahrscheinlich es auch immer sein mag.

2. Zweitens hat Sorge kein Ziel. Sorge ist endlos, denn die Dinge könnten auf so vielerlei mehr Arten schief gehen als gut ausgehen, ebenso wie ein Zimmer auf so vielerlei mehr Arten unordentlich sein kann als ordentlich. Der einzig positive Gewinn ist das Gefühl großer Erleichterung, wenn die befürchteten Konsequenzen nicht eintreten.

Es gibt zwei Arten von Sorge:

- Bei der ersten Art fühlen Sie sich komplett verantwortlich. Alles scheint von Ihrer Entscheidung abzuhängen und könnte verheerende Auswirkungen haben. Niemand sonst kann die Ereignisse besonders beeinflussen. Deshalb sind scheinbar Sie schuld oder könnten zumindest Sie schuld sein. Diese Art der Sorge ruft Schuldgefühle hervor und ist unrealistisch. Wir haben nie die vollständige Kontrolle, außer über unbelebte Gegenstände (ich bin nicht sicher, ob Computer unter diese Kategorie fallen). Menschen sind nur in ihrer Fähigkeit, uns zu überraschen, berechenbar. Wenn Sie also keine Kontrolle haben, dann ist es auch überflüssig, sich Sorgen zu machen.

- Die andere Art der Sorge ist das Gegenteil davon: Sie haben keine Macht und scheinen völlig der Gnade anderer Menschen oder den Umständen ausgeliefert zu sein. Und wieder haben Sie keine Kontrolle, also ist es überflüssig, sich Sorgen zu machen!

Die Sorgenkette durchbrechen

Die Sorgenkette beginnt gewöhnlich mit einer inneren Stimme. Die sagt ungefähr Folgendes: „Stell dir vor, dass *das* ... passiert" oder „Was wäre, wenn *das* ... geschähe?" Das „*das*" ist etwas Schlimmes! Manchmal sagt die Stimme auch: „Wenn du nur ... getan hättest" oder „Du hättest wissen müssen, dass ...". Die Sorgenstimme kann eine Ich-Stimme oder eine Du-Stimme sein, üblicherweise ist sie eine Du-Stimme. Wenn man dieser Stimme genau zuhört, hört man oft etwas Panisches heraus. Manchmal ist es auch die Stimme einer anderen Person, die Sie tadelt: „Was hast du getan? Sieh nur, was jetzt passieren kann!"

Diese Stimme setzt unsere Imagination in Gang. Wir produzieren lebendige, farbige Szenarien von fürchterlichen Ereignissen und wir sind typischerweise mitten in diesen Ereignissen („assoziiert") und erleben die volle Wirkung der negativen Gefühle. Diese inneren Bilder machen uns besorgt. Deshalb versuchen wir, nicht an sie zu denken, aber das ist die Garantie dafür, dass sie uns im Gedächtnis bleiben (jetzt wissen Sie, woran Sie nicht denken dürfen!). Deshalb dreht sich die Sorge in uns im Kreis, die Gedankenkette bindet uns fest. Wie können wir ihr entkommen?

- Der erste Schritt dabei, die Gedankenkette zu durchbrechen, besteht darin, zu merken, dass Sie mittendrin sind. Richten Sie Ihre Aufmerksamkeit nach außen. Werden Sie sich Ihres Körpers bewusst. Bringen Sie sich in die äußere Welt zurück. Wenn Sie besorgt sind, werden Sie sich wahrscheinlich in einer gebeugten Haltung wiederfinden, Ihre Gesichtsmuskeln sind angespannt, wahrscheinlich blicken Sie nach unten, direkt in eine Welt voller schlimmer Probleme. Nach einer gewissen Zeit werden Sie Ihre ,Sorgenhaltung' erkennen können. Sie können Ihr Denken verändern, indem Sie Ihre Körperhaltung verändern. Entspannen Sie also Ihre Gesichtsmuskeln und bewegen Sie sich. Stehen Sie auf, gehen Sie umher und schauen Sie nach oben oder geradeaus statt nach unten.

- Jetzt können Sie das Sich-Sorgen-Machen in konstruktives Denken verwandeln. Die Sorge dient einem Zweck. Was steckt dahinter, wenn Sie sich Sorgen machen; wo wollen Sie sorgenvoll hingelangen? Wahrscheinlich ist es genau das mentale Gegenstück davon, Ihre Versicherungspolicen durchzusehen, um sicherzustellen, dass Sie im schlimmsten Fall versorgt sind. Sich Sorgen zu machen ist nicht die beste Wahl.

- Gehen Sie zum Anfang zurück, um an Ihrem Denken anzusetzen. Wie realistisch ist Ihre Sorge? Würden Sie eine Versicherung deswegen abschließen und sich auf diese Weise absichern? Die meisten Sorgen basieren auf einer Reihe von sehr unwahrscheinlichen Ereignissen. Wenn die Wahrscheinlichkeit, dass sich eine Sache ereignet, 10 zu 1 ist und die Wahrscheinlichkeit, dass sich die zweite Sache auch ereignet, auch 10 zu 1 ist, dann ist die kombinierte Wahrscheinlichkeit, dass sich beides ereignet, nicht 10 zu 1, auch nicht 20 zu 1, sondern 100 zu 1. Sind die Ereignisse wahrscheinlich und wichtig genug, um diesem Fall vorzubeugen? Falls sie das nicht sind, tun Sie gar nichts! Falls sie das sind, dann machen Sie einen Plan!

- Statt sich zu fragen, „Was wäre, wenn *das* geschähe?", fragen Sie sich: „Was werde *ich tun*, falls das eintritt?". Jetzt sind Sie aktiv und nicht mehr den Ereignissen ausgeliefert.
- Machen Sie sich einige mentale Bilder eines möglichen Plans und schauen Sie ihn von außen an. Sehen Sie sich selbst, wie Sie so flexibel wie möglich mit der Situation umgehen.
- Betrachten Sie Ihre verschiedenen möglichen Pläne erneut und entscheiden Sie, welcher der Beste ist – von außen!
- Steigen Sie jetzt in Ihren Plan ein und stellen Sie sich vor, ihn tatsächlich auszuführen. Steigen Sie auch in einige andere Pläne ein und probieren Sie sie aus. Welcher fühlt sich am besten an? Sobald Sie den besten Plan gefunden haben, der Ihnen in den Sinn kam, gibt es nichts mehr zu tun. (Angenommen, keiner der Pläne ist angemessen. Dann liegt entweder die Situation völlig außerhalb Ihrer Kontrolle und es gibt nichts, was Sie tun können, oder Sie brauchen mehr Informationen. Was müssten Sie wissen, das Ihnen helfen könnte, sich einen besseren Plan auszudenken? Wie können Sie herausfinden, was Sie wissen müssen? Das ist dann Ihr Plan.)

Ein Experiment: Umgang mit Sorgen

- Identifizieren Sie zuerst drei oder vier Themen, über die Sie sich am meisten Sorgen machen. Vielleicht hängen sie irgendwie zusammen und eines löst das andere aus.

- Identifizieren Sie dann die Gelegenheiten, bei denen Sie dazu neigen, sich zu sorgen. Manchmal macht man sich vor allem zu einer bestimmten Tageszeit Sorgen. Äußerst ärgerlich ist das Sich-Sorgen-Machen, wenn Sie versuchen einzuschlafen. Vielleicht stellen Sie aber auch fest, dass Sie sich in Zeiten der Ruhe Sorgen machen, weil es nichts anderes zu denken gibt. Unser Verstand ist gern aktiv und manchmal stilisiert er ein belangloses Ereignis zu einer mittleren Krise hoch, einfach um etwas zu tun zu haben. Wenn Sie das Worüber und das Wann der Sorgen kennen, sind Sie besser gerüstet, mit ihnen umzugehen.

- Denken Sie jetzt an eine Zeit zurück, als Sie sich Sorgen machten. Was war der Auslöser? Wie fing es an? Was geschah als Erstes? War da eine innere Stimme? Falls ja, war es Ihre Stimme? Aus welcher Richtung kam sie? Wie klang diese Stimme? War sie dringlich? Schmeichlerisch? Sachlich? Gehören Bilder zu Ihrer Art des Sich-Sorgens? Wenn ja, welche Art von Bildern sind das? Sind Sie in diesen Bildern zu sehen oder stehen Sie außerhalb? Sind die Bilder farbig oder schwarzweiß? Sehen Sie Standbilder oder einen Film?

Diese Bilder mögen zwar anziehend auf Sie wirken, aber das liegt daran, wie Sie über sie denken, nicht an dem, was sie darstellen. Versuchen Sie Ihre Bilder klein, verschwommen und schwarzweiß zu machen. Schauen Sie dann, ob sie noch genauso anziehend sind.

Sobald Sie die Art und Weise herausgefunden haben, wie Sie sich Sorgen machen (was sagen Sie sich selbst, was sehen Sie und in welcher Reihenfolge?), können Sie Ihre Sorgenstrategie in eine nützliche Planungsstrategie umwandeln.

Ein Experiment: Vom Sich-Sorgen zum Planen

Sie können das folgende Experiment in eine eigenständige Planungsstrategie verwandeln und als Ersatz für Ihre Sorgen nehmen.

* Für welches Ereignis brauchen Sie einen Plan? Beginnen Sie mit folgender Frage: „Was würde ich tun, wenn dies geschähe?" Fragen Sie sich in einem interessierten Tonfall. Schätzen Sie dann die Wahrscheinlichkeit ein, dass das Ereignis eintritt. Welche Wette würden Sie darauf abschließen? Ist das Ereignis wahrscheinlich genug, dass sich das Planen lohnt? Ist es wichtig genug? Sind die Folgen schlimm genug, dass Sie sich darauf vorbereiten müssen? Gegen manches versichern wir uns, weil es recht wahrscheinlich ist und wir abgesichert sein wollen, wenn zum Beispiel etwas am Haus kaputtgeht. Gegen manches versichern wir uns, weil es katastrophal wäre, wenn es einträte, zum Beispiel wenn unser Haus zerstört würde – auch wenn das sehr unwahrscheinlich ist. Planen Sie nur, wenn es für Sie wirklich notwendig ist.
* Nehmen Sie Ihre Imagination zu Hilfe und erfinden Sie möglichst viele Arten, mit der Situation umzugehen. Sehen Sie sich mentale Filme an und bleiben Sie außerhalb dieser Filme.
* Überprüfen Sie Ihre Filme noch einmal, suchen Sie sich die besten aus, steigen Sie in sie ein und stellen Sie sich vor, den Plan auszuführen. Wenn es sich stimmig anfühlt, haben Sie Ihren Plan.
* Falls Ihnen kein geeigneter Plan einfällt, planen Sie, wie Sie an die erforderlichen Informationen kommen, um einen geeigneten Plan erstellen zu können.

Eine ähnliche Strategie können Sie im Umgang mit unangenehmen Nachrichten und mit Kritik verwenden. Schlechte Nachrichten können ein Schock sein, steigen Sie deshalb sofort, wenn
Sie die Nachricht bekommen, aus der Erfahrung aus. Machen Sie
sich außerdem keine Bilder von all den schlimmsten Möglichkeiten, die mit dieser Nachricht einhergehen. Dies führt nur zu
Sorgen.

Kritik

Kritik kann treffen. Sie schmerzt noch stärker, wenn Sie sie persönlich nehmen. Auch hier verhext Sprache. Kritik bezieht sich
auf Ihr Handeln, nicht auf Ihre Identität. Worte können uns jedoch zu der Annahme verleiten, mit uns sei etwas verkehrt, nicht
nur mit *unserem Handeln*. Denken Sie daran, dass das, was Sie
tun, und der/die, der/die Sie sind, zweierlei ist.

Meistens orientiert sich Kritik an einem Muster, das wir als
Kinder gelernt haben. „Das hättest du nicht tun sollen! Du *bist*
böse!" Wann immer Erwachsene und Kinder zusammenkommen,
werden Sie Variationen davon hören. „Du bist so ungeschickt!"
„Du bist überempfindlich!" „Du bist egoistisch!" All diese Aus-
sagen vermitteln die Botschaft, dass etwas mit dem Kind nicht
stimmt, und nicht, dass mit seinem Handeln etwas nicht stimmt.
„*Warum* bist du nur so ungeschickt?" ist noch schlimmer. Um
diese Frage zu beantworten, muss das Kind die Vorstellung akzeptieren, es sei ungeschickt.

Die meisten Menschen sagen, dass dies nur ein einfacher Weg
sei, das Handeln des Kindes zu kritisieren, und dass sie es nicht
verletzen wollten. Doch Sprache erzeugt und formt unser Erleben. Die Absicht ist für ein Kind nicht sichtbar; es hört nur auf
die Sprache. Die Gefahr besteht darin, dass das Kind das Gesagte

für die Wahrheit hält und diese glaubt. Dann ruft diese Art von Kritik genau das Verhalten hervor, das sie unterbinden will.

Es gibt einen klassischen Ausruf: „Wie oft muss ich dir noch sagen, dass du das nicht tun sollst?" Wenn jemand damit aufwartet, wissen Sie, dass er oder sie die Schlacht schon lange verloren hat. All die anderen Male zeigten bereits keine Wirkung. Der Fragende erwartet nicht nur, dass das Gleiche wieder geschieht, er fordert es geradezu heraus. Auf die Frage gibt es gar keine vernünftige Antwort, außer „Ich werde es dich wissen lassen", was ich vor mich hinzumurmeln pflegte, wenn ich als Junge so geschimpft wurde.

Als Erwachsene verwechseln wir vielleicht immer noch unser Handeln mit unserer Identität. Wenn Sie kritisiert werden, treten Sie mental erst einmal einen Schritt zurück. Jemandem gefiel Ihr Handeln nicht. Das ist alles. Manche Menschen stellen sich zwischen sich und dem kritisierenden Gegenüber eine Glaswand vor, besonders wenn der andere ärgerlich ist und die Kritik mit Kränkung einhergeht. Sobald Sie eine gewisse Distanz zur Kritik haben, können Sie sich überlegen, ob Sie etwas daraus lernen können. Trifft sie überhaupt zu?

Vor einigen Wochen erhielt ich schriftliches Feedback über einen Kurs, den ich einen Monat vorher gehalten hatte. Ich nahm das oberste Blatt von dem Stapel und las: „Der Vortragende hatte nur wenig zu sagen und nicht viel Ahnung von seinem Thema." Aber ... der Vortragende war ja ich! Wer auch immer das geschrieben hatte, ihm oder ihr hatte das Seminar offensichtlich nicht gefallen und hatte völlig andere Ansichten zu dem Thema als ich. Ich schaute alle Kommentare durch und insgesamt waren viele gute Anmerkungen dabei. Nur der Erste hatte diesen Tenor. Aber irgendwie blieb das bei mir haften, obwohl die Kritik darin nicht einmal nützlich war, weil sie keinerlei Hinweis enthielt, was ich anders machen könnte.

Wenn wir kritisiert werden, ist unser erster Impuls, zu widersprechen. Doch eine Diskussion wird als Möglichkeit, die Meinung eines anderen Menschen zu ändern, stark überschätzt. Wann hat Sie jemand das letzte Mal in einer Auseinandersetzung von Ihrem Standpunkt abgebracht? Und wenn das der Fall war, war das Thema wichtig? Wann haben Sie das letzte Mal jemanden in einer Diskussion von seiner oder ihrer Meinung abgebracht? Man kann eine Auseinandersetzung durch Logik gewinnen, aber man kann jemanden nicht von seiner Meinung abbringen, wenn der oder dem anderen viel daran liegt.

Was machen Sie, wenn Ihnen jemand widerspricht? Sie suchen nach all den Gründen, warum Sie Recht haben, und kommen schließlich auf einige, die Ihnen vorher noch nicht eingefallen waren. Und Sie suchen nach allen möglichen Gründen, warum der oder die andere nicht Recht hat. Eine gute Diskussion bestärkt Sie letztlich beide in ihren Ansichten. Wenn Ihr Gegenüber also von Anfang an kritisch war, verschlimmert das eine Auseinandersetzung nur.

Ein Experiment: Umgang mit Kritik

- Treten Sie mental einen Schritt zurück und seien Sie sich im Klaren darüber, dass diese Kritik sich auf Ihr Handeln bezieht, nicht auf Ihre Person.
- Finden Sie so viel wie möglich über den Standpunkt des oder der Kritisierenden heraus.
- Trennen Sie die verbale Kränkung von der Kritik.
- Dulden Sie keine verbale Kränkung, falls es dazu kam. Vielleicht hatte die andere Person ja irgendwo eine positive Absicht versteckt, aber Sie müssen nicht bleiben, um diese herauszufinden.

- Stellen Sie fest, falls es Ihnen möglich ist, welches Handeln der Kritisierende stattdessen von Ihnen gewollt hätte, und, wenn es Ihnen sinnvoll erscheint, lernen Sie daraus.
- Widersprechen Sie nicht, selbst wenn Sie der Meinung sind, die Kritik sei völlig falsch. Wenn Sie möchten, teilen Sie der anderen Person Ihre Absicht mit und drücken Sie Bedauern darüber aus, dass Ihre Absicht nicht die gewünschte Wirkung zeigte.
- Kritik setzt Sie nicht ins Unrecht; durch sie können Sie es das nächste Mal besser machen.

Ein Experiment: Effektiv kritisieren und sich beschweren

Effektiv Kritik auszudrücken und Beschwerden vorzubringen ist eine Fähigkeit, die zu beherrschen sich lohnt. Doch wenn man nicht vorsichtig dabei ist, ist sie auch ein todsicherer Weg, einen Streit vom Zaun zu brechen!

Wenn Ihnen daran gelegen ist, dass Ihre Kritik oder Beschwerde wirklich zu etwas führt, dann:

- Seien Sie direkt. Sagen Sie dem anderen Menschen, was er tat, womit Sie nicht einverstanden waren. Sprechen Sie in der Ich-Sprache („Ich habe gesehen, dass ..." oder „Ich glaube, dass ...") und vertreten Sie so Ihren Standpunkt.
- Beschreiben Sie das Verhalten der anderen Person. Seien Sie dabei so genau wie möglich – beschreiben Sie, was Sie sahen, was Sie hörten und was Sie fühlten – und teilen Sie dem anderen die Folgen mit, die Ihnen nicht gefielen.
- Gehen Sie nicht davon aus, die Absicht oder die Gefühle des anderen zu kennen, denn mit ziemlicher Sicherheit ist das nicht der Fall.

- Liefern Sie keine Theorie oder Erklärung mit Ihrer Beschwerde ab, denn das lenkt nur die Aufmerksamkeit weg von ihr.
- Schreiben Sie Menschen nicht irgendwelche Eigenschaften zu, die in Wirklichkeit ihr Verhalten beschreiben. Wenn Sie glauben, jemand hätte etwas Dummes getan, sagen Sie das, aber bezeichnen Sie nicht jemanden als dumm.
- Machen Sie keine Vorwürfe!
- Sagen Sie, welches andere Verhalten Ihnen lieber gewesen wäre. Und auch hier gilt wieder: Seien Sie genau und beschreiben Sie, was Sie dann sehen, hören und fühlen würden.

Menschen nehmen sich Ihre Beschwerde wahrscheinlich dann stärker zu Herzen, wenn sie sich nicht persönlich angegriffen oder bedroht fühlen. Niemand möchte missverstanden werden oder Fehler machen.

Wenn jemand Sie lobt, möchten Sie das Lob vielleicht persönlich nehmen. Doch Sie haben selbst die Kontrolle darüber. Sie brauchen nicht unbedacht auf die Worte anderer (oder auf Ihre eigenen) reagieren. Sie brauchen Ihre Gefühle nicht von anderen steuern lassen – Sie haben die Wahl.

Kapitel 5
Fadenreste

Wir durchleben täglich Dutzende von Gefühlen, manche nur oberflächlich, in andere tauchen wir tiefer ein. Als ich diesen Text schrieb, kam meine Tochter von der Schule heim. Ich freute mich, sie zu sehen, obwohl sie an der Tür klingelte, was mich etwas ärgerte, denn es erinnerte mich daran, dass sie den Schlüssel verloren hatte. Als ich sie hereinließ, machte ich mir ein paar Gedanken über den verlorenen Schlüssel, fand mich dann aber damit ab, ihr morgen einen neuen nachmachen zu lassen. Am Morgen hatte sie Kopfschmerzen gehabt, deshalb fragte ich sie, wie es ihr gehe, und war erleichtert, dass es ihr besser ging und sie einen angenehmen Schultag gehabt hatte. Ich war stolz auf sie. Zehn Minuten vorher hatte ich meine E-Mails aus dem Internet abgeholt und war richtig sauer über die Menge ungebetener Post in meiner Mailbox. Es war wirklich ermüdend. Einen Moment lang resignierte ich richtig, denn ich schien nichts dagegen unternehmen zu können, dann war ich empört darüber, dass diese Menschen das Internet mit ihrem Postmüll voll stopfen konnten. Ich erinnerte mich daran, dass drei der fünf Briefe, die ich an diesem Morgen erhalten hatte, nur nutzlose Werbung waren, und war darüber noch mehr verärgert.

In den letzten paar Minuten hatte ich also ungefähr ein Dutzend Emotionen durchlebt, von denen einige gar nicht so leicht zu beschreiben waren. Stimmungen und Emotionen durchziehen jeden Tag und verleihen ihm ein charakteristisches Gepräge. Für uns ist das am bedeutsamsten, was wir am stärksten empfunden haben. Obwohl in unserem Erziehungssystem Logik die am höchsten geschätzte Form von Intelligenz zu sein scheint, handeln wir meistens nach unseren Emotionen. Unsere besten Gedanken entspringen dem Herzen ebenso wie dem Kopf. Vieles erscheint vernünftig, aber völlig unattraktiv. Im Nachhinein können wir fast alles rational rechtfertigen, und es gibt auch einige Hinweise darauf, dass der Verstand wie folgt arbeitet: Zuerst fühlen und handeln wir und dann rennt die Vernunft hinterher, um uns wieder einzuholen. Die Vernunft macht den mentalen Schreibkram des Verstandes, sie ist eine Bürokratie, die denkt, katalogisiert und dann die Geschehnisse rechtfertigt. Unsere Gefühle hingegen werden teilweise von den Geschehnissen und teilweise von der Bedeutung, die wir ihnen zuschreiben, verursacht – sie sind unsere Reaktion auf sie. Dabei können wir nicht alle Geschehnisse kontrollieren (stellen Sie sich vor, wie langweilig das Leben wäre, wenn wir es könnten), aber wir können unsere Reaktion auf sie kontrollieren. Unsere Emotionen prägen unser Leben.

Freilich sind manche Emotionen unangenehm – Ärger, Eifersucht, Frustration und Depression (die ich gern als „Ärger ohne Enthusiasmus" bezeichne) – und wir kämen auch ohne sie ganz gut zurecht. Wie können wir mit diesen Emotionen umgehen? Auch wenn das in Mode zu sein scheint, „Gefühlsmanagement" scheint nicht der richtige Zugang zu ihnen zu sein. Emotionen können nicht gemanagt werden. Unternehmen werden gemanagt. Emotionen werden gelebt, sie sind keine zu lösenden Probleme, sondern haben ihre eigene Intelligenz und Energie, die uns leitet. Selbst die negativen Emotionen tragen Energie in sich, die zu nutzen wir lernen können.

Stress

Viele unserer eher schwierigen Emotionen sind ein Ergebnis von Stress. Stress ist eine interessante Metapher: Stress bedeutet, von einer äußeren Kraft über das Maß (das jeweils für uns natürlich ist) hinaus gezogen zu werden. Auch übt hier wieder die Sprache einen Zauber aus, denn wir formulieren Stress als etwas von außen Kommendes. Doch der Stress, den wir empfinden, kommt von innen, von der Art, wie unser Körper auf das Geschehen reagiert. Wir machen ihn uns selbst. Unser vegetatives Nervensystem kontrolliert unsere Muskelspannung und unsere Herzfrequenz. Wenn wir uns bedroht fühlen, reagieren wir automatisch, indem wir uns auf Kampf oder Flucht vorbereiten. Unser Herz schlägt schneller, unsere Muskeln ziehen sich zusammen und das Blut wird von den weniger wichtigen Tätigkeiten (wie der Verdauung) in die großen Muskeln gelenkt, die wir zum Rennen oder Kämpfen brauchen. Wir fühlen uns wachsamer.

Unser vegetatives Nervensystem reagiert auf alles, was wir als gefährlich wahrnehmen, ob es das nun ist oder nicht. Wir bekommen den gleichen biochemischen Schock, ob nun die Katze mitten in der Nacht in der Küche einen Topf umstößt oder ein Eindringling. Das eine Mal ist es harmlos, das andere Mal ist es gefährlich, aber wir wissen nicht, ob es die Katze oder der Einbrecher ist, bis wir nachsehen gehen. Selbst wenn sich herausstellt, dass es die Katze war, geht unser Herzschlag nicht sofort zur normalen Frequenz zurück; es dauert einige Zeit, bis sich unser Körper wieder entspannt.

Wenn diese Stressreaktion ständig ausgelöst wird, erleben wir die unangenehmen Folgen von Stress – er stört unser Denken und schwächt unser Immunsystem. Wenn wir uns ständig bedroht fühlen, kann sich der Körper nicht mehr richtig ausruhen. Wir werden anfälliger für Krankheiten und unser Verdauungsapparat arbeitet nicht richtig. Unser vegetatives Nervensystem wird hyperaktiv.

Stress kann viele Ursachen haben: Verschmutzung, Lärm, das ständige Besetztzeichen des Telefons, Verkehrsstaus, Zeitdruck.

Kleine Dinge können uns in den Wahnsinn treiben, dafür braucht es keine größeren Katastrophen – ja mit ihnen kommen wir effektiv besser zurecht als mit dem Frust und den Ärgernissen des Alltags.

Wir können nicht all diese Ereignisse vermeiden, aber wir können entscheiden, ob wir auf sie reagieren oder nicht. Stress resultiert aus unserer Reaktion auf Ereignisse, nicht aus den Ereignissen selbst. Was die einen stresst, stellt für andere eine Herausforderung dar, die sie stimuliert, aber nicht stresst.

Letzten Sommer fuhr ich an einem wunderbaren Tag mit dem Auto in die Londoner Innenstadt. Es waren nur wenige Wolken am Himmel, es war nicht zu heiß und ein angenehmes Lüftchen wehte – ein wunderbarer Tag für einen Ausflug. Dummerweise schien ich mir die Straße mit der gesamten motorisierten Bevölkerung des Südwestens von London zu teilen. Der Verkehr floss zunächst ganz gut, dann aber kamen wir zum Stehen. Ein Lkw unmittelbar vor mir versuchte nach rechts abzubiegen und blockierte die Straße. Er hatte nicht genug Platz zum Wenden und sofort war der Verkehr in die Lücke aufgefahren und hatte so seinen Ausweg versperrt. Der Lkw-Fahrer versuchte auf den paar verbliebenen Zentimetern zu wenden, während ihn die Autofahrer anstarrten. Es bildete sich eine lange Schlange in beide Richtungen.

Wir konnten nichts tun, bis der Lkw vollständig gewendet hatte. Ich blickte hinüber zu meiner Rechten. Der Mann im Auto neben mir sah aus, als ob er jeden Moment platzen würde. Sein Gesicht war rot und verzerrt. Er schlug mit seiner Faust auf das Lenkrad und rief etwas – das klang nicht gerade so, als würde er dem Lastwagenfahrer einen schönen Tag wünschen. Ich schaute zu dem Fahrer hinter ihm. Er lehnte sich in seinem Sitz zurück und sonnte sich durch sein offenes Schiebedach. Er sah recht zufrieden aus. Das gleiche Ereignis wirkte sich sehr unterschiedlich auf die beiden Fahrer aus.

Schließlich gelang es dem Lkw zu drehen und der Verkehr kam wieder in Gang. Die Stockung dauerte effektiv drei Minuten, gefühlsmäßig allerdings länger.

Bei jedem stressigen Ereignis gibt es zwei Aspekte: das Geschehen und Ihre Reaktion darauf. Wie auch immer Sie auf das Ereignis reagieren, Sie können die Auswirkungen des Stresses auf Ihre Gesundheit und Ihr Wohlbefinden minimieren, indem Sie anders über die Begebenheit denken.

Ein Experiment: Umgang mit Stress

- Um Stress frühzeitig abzufangen, müssen Sie die Signale identifizieren, an denen Sie feststellen, dass Sie im Stress sind. Das könnte Nägelkauen sein, mehr als gewöhnlich zu rauchen oder zu essen, allgemein bei kleinen Dingen ungeduldig oder verärgert zu sein. Was auch immer Ihre besonderen Stresssignale sind, erkennen Sie sie zunächst an. Es ist nichts verkehrt daran, sich gestresst zu fühlen; es ist eine natürliche Reaktion.

- Treten Sie dann in Gedanken einen Schritt aus sich heraus. Stellen Sie sich vor, Sie sehen die derzeitigen Geschehnisse in einem Film. Der Film könnte eine Tragödie oder eine Komödie sein, aber Sie agieren nicht in dem Film. Das ändert zwar die Ereignisse nicht, aber es vermittelt Ihnen eine andere Perspektive und kann Ihnen helfen, anders zu reagieren. Wenn wir gestresst sind oder eine unangenehme Emotion uns am Wickel hat, ist es schwierig, diesen mentalen Schritt aus uns heraus zu vollziehen. Stress versetzt uns in einen geistigen Zustand, der es uns erschwert, mit dem Problem, das den Stress verursacht, umzugehen. Der vor Wut kochende Autofahrer im Stau sah aus, als sei er völlig in dem Problem gefangen. Seine ganze Welt reduzierte sich auf ihn selbst, den Lastwagen und die Verzögerung, die er verursachte. Der Pkw-Fahrer hätte beispielsweise einen Moment aus seinem Wagen aussteigen können, um sich mehr Raum zum Denken zu verschaffen.

- Entscheiden Sie als Nächstes, was Sie in Anbetracht des Problems tun können. Es betrifft Sie, aber haben Sie auch Einfluss darauf? Können Sie direkt etwas tun?
- Schauen Sie dann die Begebenheit an. Was sagt ihnen das? Welche Folgen hat sie? Müssen Sie einen Plan entwickeln? Welche Ressourcen haben Sie, um mit dem Problem fertig zu werden?

Sich aus schlechten Stimmungen befreien

Mental zur Seite zu treten ist auch der erste Schritt, wenn Sie sich in einer schlechten Stimmung wiederfinden oder unter einer unangenehmen Emotion leiden. Das klingt in der Theorie leicht, ist aber in der Praxis aus zweierlei Gründen schwierig: erstens, weil die Emotion selbst es schwierig macht, an etwas anderes zu denken; zweitens, weil wir es nicht immer wollen. Manchmal bleiben wir ganz gern in unserer schlechten Stimmung hängen, besonders wenn wir das Gefühl haben, wir hätten guten Grund dazu.

In einer Kultur, in der wir von Kindheit an unaufhörlich aufgefordert werden, heiter zu sein, ist es nicht erstaunlich, dass wir manchmal schlecht gelaunt bleiben wollen. Stellen Sie also fest, ob es einen guten Grund gibt, in Ihrer Stimmung zu bleiben, bevor Sie sie ändern. Untersuchen Sie sie. Wie ist sie? Wie fühlt sie sich an? Welche Bilder, Geräusche und Gefühle haben Sie im Sinn? In welcher Verfassung ist Ihr Körper? Wissen Sie, wodurch Ihre Stimmung ausgelöst wurde?

Die meisten unserer Stimmungen haben bestimmte Auslöser, die häufig offensichtlich sind – das Wetter zum Beispiel. Bei Sonnenschein fühlen wir uns wohl, bei Regen fühlen wir uns deprimiert. Es gibt auch unmittelbare Auslöser – ein Streit, ein ärgerliches Anschreien, eine schlimme Autofahrt. Auch positive Auslöser gibt es: ein Lächeln, ein freundliches Wort oder eine nette Handlung. Manchmal sind die Auslöser indirekt. Es geschieht etwas, das Sie an etwas anderes erinnert, und Sie reagieren darauf, oft ohne dass Ihnen Ihr Tun bewusst ist. Ein bestimmter Tonfall in der Stimme beispielsweise sorgt vielleicht dafür, dass Sie sich verärgert oder aufgebracht fühlen. Vielleicht erinnert er Sie an Ihren Grundschullehrer, den Sie gehasst haben, oder an die Art und Weise, wie Ihre Eltern Sie früher tadelten. Musik vermag uns zu bewegen. Und auch Gerüche sind wirkungsvolle Auslöser. Krankenhäuser haben diesen charakteristischen Geruch chemischer Reinheit. Ein Parfum, der modrige Geruch alter Möbel, der Geruch des Meeres oder Teer auf der Straße können uns stark an vergangene Erlebnisse erinnern. Gerüche scheinen in der Lage zu sein, unseren bewussten Verstand völlig zu umgehen. Diese Auslöser sind machtvoll und wenn sie angenehme Emotionen hervorrufen, ist das wunderbar. Problematisch sind diejenigen, die unangenehme Emotionen auslösen. Finden Sie heraus, welche es sind – dadurch verlieren sie ihre Macht.

Wenn Sie sich gestresst fühlen und sich entschieden haben, Ihre Stimmung zu ändern, können Sie dafür einiges tun. Erstens können Sie sich körperlich bewegen. Jede Emotion versetzt Sie in eine typische Haltung, ein Muster von Muskelspannung. Dieses Muster ist so deutlich, dass Karikaturisten eine Emotion mit einigen wenigen wohlgesetzten Federstrichen andeuten können. Vielleicht möchten Sie dazu folgendes Experiment ausprobieren:

Ein Experiment: Spannung

Setzen Sie sich bequem hin und denken Sie an etwas, das Sie normalerweise ärgert. Spannen Sie jedoch diesmal keine Muskeln an, außer denen, die verhindern, dass Sie vom Stuhl fallen.

- Werden Sie so wütend wie möglich, ohne jedoch zusätzliche Muskeln anzuspannen.
- Wie ärgerlich sind Sie jetzt?

Es ist unmöglich, wütend zu werden, ohne Muskeln anzuspannen.

- Versuchen Sie jetzt, sich zu ängstigen oder zu sorgen, wieder ohne irgendwelche Muskeln anzuspannen.
- Achten Sie auf die Muskeln, die Sie gern anspannen würden. Wahrscheinlich sind es der Kiefer und die Nackenmuskeln – das sind genau die, auf die Sie das nächste Mal Ihre Aufmerksamkeit richten müssen, wenn Sie sich entspannen wollen, wenn Sie sich wieder ärgern, ängstigen oder sorgen.

Ein Experiment: Körper und Geist

Körper und Geist sind untrennbar – zwei Wörter für eine Person, zwei Seiten einer Medaille – deshalb wirkt sich alles, was Sie mit Ihrem Körper machen (wie etwa das Verändern Ihrer Körperhaltung oder Ihres Atemmusters) auf Ihr Denken aus. Probieren Sie Folgendes aus:

- Schauen Sie nach oben, nach draußen und ringsherum. Emotionen engen Ihren Fokus ein, sowohl körperlich als auch mental; wenn Sie also nach oben und nach draußen schauen und von Ihrem peripheren Sehen Gebrauch machen, ändern Sie auch Ihren Gemütszustand.

- Bewegen Sie sich, treiben Sie Sport. Sport ändert Ihre innere Verfassung – betrachten Sie Sport einfach als kraftvolle Änderung der Haltung. Es ist unmöglich, in einer Stimmung hängen zu bleiben, wenn Sie sich körperlich anstrengen.
- Lachen Sie! Lachen vertreibt die meisten negativen Emotionen. Es ist eine wunderbare Möglichkeit, Ihren Gemütszustand zu ändern.

Atmen

Wie mit jeder Emotion ein charakteristisches Muster der Muskelspannung und Körperhaltung einhergeht, so hat auch jede Emotion ein typisches Atemmuster. Ein guter tiefer Atemzug wird oft empfohlen, um Angst entgegenzuwirken. Doch das ist erst die Hälfte der Geschichte. Es ist wichtiger, langsam und vollständig *aus*zuatmen. Wenn Sie doppelt so lang ausatmen wie einatmen, übt dies eine beruhigende Wirkung aus, weil sich dadurch die Konzentration des Kohlendioxid im Blut ändert. Auch das Gegenteil trifft zu – wenn Sie sich aus einem bestimmten Grund ängstlich fühlen wollen, atmen Sie einfach schnell und doppelt so lang ein wie aus.

Erinnerungen

Eine andere Art, aus einer schlechten Stimmung herauszukommen, besteht darin, sich an eine glückliche Zeit zu erinnern und sie in Ihrer Vorstellung wieder zu erleben. Wir alle haben den ganzen Kopf voll wunderbarer Ressourcen, Erinnerungen, Erlebnisse, Fertigkeiten, Strategien und Lernmöglichkeiten. Oft nutzen wir sie nicht, auch wenn sie hilfreich wären. Erinnerung ist ein kreativer Prozess, sie ist nicht etwas, das wir in einem Buch nachschlagen. Wenn wir eine Erinnerung wachrufen, ist sie nicht identisch mit dem tatsächlichen Ereignis oder mit dem letzten Mal, als wir an sie dachten. Wir können sie sogar noch besser machen, indem wir unsere Erinnerungsbilder bewusst groß, hell und farbig machen.

Ein Experiment: Erinnern Sie sich, als ...?

- Denken Sie an eine schöne Zeit, die Sie erlebten, einen glücklichen Urlaub, etwas, das Ihnen wirklich Freude machte.
- Stellen Sie sicher, dass Sie mittendrin in der Erfahrung sind. (Wenn Sie sie von außen betrachten, werden Sie sich wahrscheinlich unglücklicher fühlen, weil Sie Ihr Glück von damals mit Ihrem Unglücklichsein von heute vergleichen. Das ist eine ausgezeichnete Strategie, um sich *unzufrieden* zu fühlen. Manche Menschen wenden sie ständig an.)
- Erleben Sie Ihre schönen Erinnerungen erneut.

Wir haben viele wunderbare Erlebnisse und Ressourcen, die wir nicht nutzen, um das Beste aus unserem Leben zu machen. Das erinnert mich an eine Geschichte, die mir ein Computertechniker erzählte. Er musste bei einem Kunden vorbeischauen, der einen neuen Computer gekauft hatte. Der Kunde hatte die Hotline angerufen und sich beklagt, dass der Kaffeehalter nicht funktionierte. Der Techniker war neugierig, weil seine Firma zwar vieles anbot, aber Kaffeehalter nicht darunter waren. Als er zum Kunden kam, bat er ihn, ihm das Problem zu erklären.

„Schauen Sie sich das an!", sagte der Kunde. „Dieser Kaffeehalter kommt nicht mehr raus." Und er drückte auf den Knopf des CD-ROM-Laufwerks. Der Techniker musste sich abwenden, um in einem ‚Hustenanfall' seine Fassung wiederzugewinnen. Das Problem war eindeutig eines, das die Techniker als PECK (Problem Exists Between Chair and Keyboard, deutsch: das Problem besteht zwischen Schreibtischstuhl und Tastatur) beschreiben.

Der Techniker war der Aufgabe gewachsen. Er reinigte das CD-ROM-Laufwerk von all den Kaffeeflecken, Plätzchenkrümeln und allgemeinem Müll und erklärte, dass der Kunde das CD-ROM-Laufwerk zwar als Kaffeehalter benutzen *könne*, dass es jedoch viel besser sei, damit CD-ROMs abzuspielen. Er demonstrierte, was man mit einigen CD-ROMs machen konnte, die er dabei hatte, und zurück blieb der Kunde – fasziniert von den neuen Möglichkeiten, die er entdeckt hatte.

Sich selbst wertschätzen

Wenn Sie sich immer wieder dabei ertappen, in schlechte Stimmungen zu verfallen, und es schwierig finden, sich wieder herauszuziehen, beurteilen Sie sich wahrscheinlich zu streng. Wir sind sehr schnell darin, bestimmte Normen aufzustellen und uns dann danach zu beurteilen. Wenn wir hinter unserem Normalmaß zurückbleiben, fühlen wir uns noch schlechter.

Es kann hilfreich sein, jeden Tag einige Minuten darauf zu verwenden, einfach die eigenen Gedanken nichtbewertend und akzeptierend zu beobachten. So können Sie Ihren eigenen Denkverlauf erkennen. Was scheinbar ein isolierter Gedanke war, verbindet sich und geht in einen anderen über. Vielleicht ist es schwierig zu erkennen, wo der eine aufhört und der Nächste anfängt – das ist wie im wirklichen Leben. Es ist leicht, unsere Erfahrungen in kleine Stücke zu zerhacken, jedes Stückchen davon

isoliert zu betrachten und dann wieder zur Tagesordnung über-
zugehen, statt sie längerfristig zu betrachten und die Verbindun-
gen zu sehen.

Wenn man sich der eigenen Gedanken bewusst ist, ohne sie
zu bewerten, wirkt dies zwei unserer destruktivsten Einstellungen entgegen – Perfektionismus und Gleichgültigkeit. Diese Be-
wusstheit ersetzt diese Einstellungen durch ihr Gegenteil – Liebe
und Vertrauen.

Ein Experiment: Das eigene Denken beobachten

- Wählen Sie eine ruhige Tageszeit aus, vielleicht, wenn Ihnen
  ohnehin nach einer Pause zumute ist.
- Setzen Sie sich hin und beobachten Sie Ihr Denken, ohne zu
  versuchen, es anzuhalten, zu beurteilen oder zu verändern.

Das ist leicht zu beschreiben, aber nicht so leicht durchzuführen.
Es klingt auch recht passiv, doch es erfordert eine Qualität und
Art von Aufmerksamkeit, die uns nicht vertraut ist. Wir sind
daran gewöhnt, unsere Gedanken zu bewerten und aktiv zu sein.
Doch es kann erleichternd sein, einfach loszulassen, ohne sich
schuldig zu fühlen. Bereits nach zehn Minuten spüren Sie die
Wohltat dieser Übung.

Sie können diese einfache Art, sich selbst wertzuschätzen,
auch anwenden, wenn Sie sich gestresst fühlen, besonders wenn
Sie Kopfschmerzen haben. Statt nach dem Aspirin zu greifen,
richten Sie Ihre Aufmerksamkeit auf das, was Sie fühlen, nicht
nur in Ihrem Kopf, sondern auch in Ihrem Kiefer und Nacken.
Über drei Viertel der Kopfschmerzen werden von muskulären
Verspannungen im Kopf, Nacken und dem Schädel verursacht.
Ein Schmerzmittel stoppt zwar die Kopfschmerzen, erreicht aber

nicht die Spannung – die bleibt bestehen, wenn die Wirkung der Tablette nachlässt. Probieren Sie Folgendes, wenn Sie Ihre Kopfschmerzen loswerden wollen:

- Entspannen Sie alle Muskeln, die sich verspannt anfühlen. Massieren Sie sie. Achten Sie darauf, wie die Empfindung der Kopfschmerzen nicht gleich bleibt, sondern sich ändert.
- Stellen Sie sich die Muskeln in Ihrem Kiefer, Nacken und Ihrem Kopf vor, und auch, wie sie sich noch weiter anspannen. Wahrscheinlich können Sie dadurch die Kopfschmerzen für einen Moment lang schlimmer machen. Das zeigt, dass Sie eine gewisse Kontrolle über die Kopfschmerzen haben und sie so auch lindern können.
- Machen Sie eine Faust und lassen Sie sie langsam los – und stellen Sie sich dabei vor, die Muskeln Ihres Kopfes und Nackens entspannen sich ebenfalls.
- Geben Sie Ihren Kopfschmerzen eine Farbe und sehen Sie diese Farbe innerlich vor sich. Stellen Sie sich vor, wie sie sich langsam in eine andere, angenehme, schmerzfreie Farbe verwandelt.
- Welches Geräusch würde für die Kopfschmerzen stehen – wahrscheinlich ein unmusikalischer Lärm. Hören Sie dieses Geräusch und lassen Sie es langsam zu einer angenehmen, entspannenden Musik werden, wie ein Orchester, das sich vor einem Konzert einstimmt. Hören Sie die Töne und Geräusche der Instrumente, die langsam in die richtige Stimmung und in Harmonie kommen, bis die Musik beginnt.
- Und falls diese Methode nicht funktioniert, können Sie immer noch eine Schmerztablette nehmen.

Entspannen Sie sich ...

Täglich ein paar Minuten für Entspannung zu reservieren gibt dem Tag ein natürlicheres Gleichgewicht und hilft Ihnen, aktiver zu sein, wenn es nötig ist. Dass es gut ist, sich eine Auszeit zu nehmen, ist ein Klischee, aber zu einem Klischee wird etwas nur, wenn es ein Körnchen Wahrheit enthält.

Viele Leute lachen nur, wenn sie gebeten werden, sich zu entspannen, und sagen: „Entspannen? Wenn ich nur Zeit dafür hätte!" Wenn sie sich tatsächlich die Zeit nähmen, sich zu entspannen, würden sie sich besser fühlen, wären effektiver und hätten dadurch die Zeit zum Entspannen. Aber sie stellen sich vor, in einen bereits vollen Tagesablauf auch noch den Posten „Entspannung" reinquetschen zu müssen und betrachten sie als zusätzliche Tätigkeit. Dann fühlt der innere Tyrann seinen Einsatz kommen und sagt ihnen, dass sie sich jetzt wirklich entspannen müssen, was den Stress nur verstärkt. Es gibt Zeiten der Ruhe und Zeiten der Aktivität; wenn beide im Gleichgewicht sind, können Sie beide stärker genießen.

Seien Sie im entscheidenden Augenblick präsent

Jeder Tag ist ein kleiner Teil der Fülle Ihres ganzen Lebens. Wie ein Hologramm durchziehen die Muster, die Ihren Tag bestimmen, auch Ihr Leben. Gefallen Ihnen diese Muster? Wenn Sie die Richtung in Ihrem Leben ändern wollen, dann besteht der Anfang darin, die Richtung Ihres Tages zu ändern – mit praktischen und realistischen Grenzen.

Als ich in der Londoner U-Bahn fuhr, sah ich ein nettes Graffiti. Jemand hatte in großen schwarzen Buchstaben geschrieben:

„O Herr, gib mir die Kraft, die Dinge zu ändern, die ich ändern kann, und die Gelassenheit, die Dinge zu akzeptieren, die ich nicht ändern kann." Darunter hatte jemand in großen grünen Buchstaben ergänzt: „Und einen riesigen Sack voll Geld."

In einer komplexen Welt gibt es keine Garantie dafür, dass wir morgen noch das Gleiche wollen wie heute oder dass das, was heute funktioniert, morgen auch noch funktioniert. Die Welt verändert sich trotz uns. Sich mehr Wahlmöglichkeiten zu verschaffen funktioniert besser als der Versuch, eine Antwort zu finden, die jeden Tag passt. Je kreativer und flexibler man ist, desto besser kann man mit den Ereignissen im Außen umgehen. Und die Welt ändert sich täglich schneller und wird immer komplexer.

Um also das Leben voll auszukosten, muss man da sein, wo das Leben stattfindet, und nicht versuchen, vor ihm davonzulaufen. Streben Sie nach dem, was funktioniert, und erwarten Sie nicht, dass die Umstände so bleiben. Die Momente, die Sie jetzt erleben, kommen nie wieder; was Sie jetzt tun, beeinflusst Ihre Identität und Ihr Handeln von Morgen.

Dieses Buch begann mit dem Blick auf unser Denken und darauf, wie wir unser Erleben von innen und von außen wahrnehmen können. Dieses Thema kommt jetzt auf einer höheren Ebene wieder. Sind Sie ein unabhängiger Zuschauer, der beobachtet, wie die Welt vorbeizieht, oder nehmen Sie an ihr teil? Sitzen Sie im Publikum und schauen zu, wie sich das Spiel des Lebens entfaltet, sind aber letztlich machtlos, es zu ändern? Oder sind Sie Mitglied in einer Truppe für Improvisationstheater, erfinden Regeln, den Dialog und die dramatische Handlung im Verlauf des Stücks? Ist dieses Theaterstück, das Sie erleben, in Wirklichkeit Teil eines anderen, größeren Schauspiels?

Wir wissen, dass wir andere Menschen beeinflussen, und das beeinflusst auch uns. Unser Handeln sendet Wellen aus, die zurückkommen und uns beeinflussen können. Wir begegnen täglich den Folgen unseres früheren Handelns. Und morgen werden wir die Wellen unseres Handelns von heute spüren. Wir spielen vielleicht nur eine kleine Rolle in der Welt, aber wenn der Flügelschlag eines Schmetterlings in Peking einen Wirbelsturm in Texas auslösen kann, wie viel einflussreicher müssen dann wir sein? Könnten unsere Worte Schmetterlinge der Veränderung für Menschen sein, denen wir vielleicht nie begegnen? Wir können das Leben anderer Menschen ändern durch ein paar wohlgesetzte Worte zur rechten Zeit – und auch wir sind nach diesen Worten andere. Wir kennen die Folgen unseres Handelns nie vollständig. Gandhi soll gesagt haben: „Was du tust, mag nicht sehr wichtig erscheinen, aber es ist sehr wichtig, dass du es tust."

Dieses Kapitel hat seine etwas seltsame Überschrift von einer Geschichte, die mir meine Frau erzählte. Eine ihrer Verwandten half, ein altes Haus auszuräumen. Die vorherigen Bewohner waren verstorben und das Haus sollte verkauft werden. Als Letztes sollte das Dachgeschoss ausgeräumt werden. Es war riesig und staubig und hatte als Aufbewahrungsort für alle möglichen seltsamen Dinge gedient. Einer der letzten Gegenstände, den sie fanden, war eine kleine und sehr schöne bestickte Dose mit einem komplizierten Verschluss. Auf einem Aufkleber stand: „Zu kurze Fäden". Als sie die Dose öffneten, fanden sie viele verschiedene Fäden in unterschiedlicher Länge, die alle ordentlich zusammengelegt waren.

Als mir meine Frau davon erzählte, lachte ich, wurde dann aber traurig. Jemand hatte sich die Mühe gemacht, diese Fadenreste zu sammeln, Dutzende von Resten, die nicht passten. Wofür waren sie zu kurz? Ich werde es nie wissen.

Wäre es nicht schade, wenn jemand jeden Tag gemessen hätte, wie weit sein oder ihr Erleben hinter den jeweils eigenen

Wünschen zurückblieb und diese Differenz sorgfältig aufbewahrt hätte?

Sie haben die Macht, durch Ihr Denken eine Fundgrube von Erfahrungen aufzubewahren, die viel mehr waren, als Sie wollten. Und wenn Sie wollen, können Sie diese Fundgrube jederzeit öffnen und genießen.

Anhang
Neurolinguistisches Programmieren (NLP)

Dieses Buch nutzt einige Erkenntnisse des neurolinguistischen Programmierens (NLP), um unser Erleben zu untersuchen. NLP hat einen komplizierten Namen, beruht aber auf einer einfachen Idee: Unsere Gedanken und Gefühle sind nicht willkürlich, sondern sie haben eine Struktur. Unser Erleben ergibt einen Sinn. Wir können es verstehen.

NLP handelt davon, wie wir unsere innere Welt mit all ihren Engeln und Teufeln, ihren willkommenen und unwillkommenen Gästen zusammensetzen. Es hat nicht damit zu tun, wie wir unseren Verstand und unsere Emotionen kontrollieren, sondern wie wir sie wertschätzen; es geht nicht darum, unsere Erfahrungen zu verleugnen oder es in eine Reihe von „ich sollte" hineinzupressen, sondern ihre Reichhaltigkeit zu leben.

NLP entstand ursprünglich zu Beginn der 1970er-Jahre in Amerika aus den Untersuchungen von John Grinder, einem Linguisten, und Richard Bandler, einem Psychologiestudenten. Sie waren von einem Problem fasziniert, über das wir alle irgendwann einmal nachdenken: Worin besteht der Unterschied zwischen jemandem, der wirklich gut in etwas ist, und jemandem, der durchschnittlich ist? NLP machte sich daran, diese Unterschiede zu definieren.

NLP nahm zwar in Amerika seinen Anfang, wird aber heute weltweit gelehrt. Dieses Buch basiert auf NLP-Ideen, aber es geht über dieses Methode hinaus. Es gibt nicht den einen Ansatz, der die Antwort liefert, weil wir es sind, die die Antworten entwickeln – wir sind großartiger als das, was wir hervorbringen.

Ich bin Tad James für seine Arbeit über Time lines (Zeitlinien) zu Dank verpflichtet; ebenso Chris Argyris für seine Arbeit zur

„Leiter der Schlussfolgerungen" („Ladder of Inference"; siehe Literatur im Anschluss). Wenn Sie mehr über NLP erfahren wollen, schlagen Sie im folgenden Abschnitt *Weiterführende Literatur und Ressourcen* nach.

Lesen Sie dieses Büchlein nicht als orthodoxen NLP-Text, falls so etwas existieren sollte. *Heute ist mein Tag! Außergewöhnliche Lösungen für alltägliche Probleme* handelt von alltäglichen Problemen und von dem Versuch, sie von innen her zu verstehen, damit Sie sie in einem neuen Licht wahrnehmen können.

Weiterführende Literatur und Ressourcen

In den folgenden Büchern können Sie mehr über NLP zu erfahren:

Tad James, *Timeline Therapy and the Basis of Personality*, Meta Publications, 1988; dt. *Time line: NLP-Konzepte zur Grundstruktur der Persönlichkeit*, Junfermann, 1991

Sue Knight, *NLP at Work*, Nicholas Brealy, 1995

Genie Laborde, *Influencing with Integrity*, Syntony, 1984; dt. *Mehr sehen, mehr hören, mehr fühlen: Praxiskurs Kommunikation; erlernen Sie die Techniken moderner Kommunikation*, Junfermann, 1997

Joseph O'Connor und Ian McDermott, Principles of NLP, Thorsons, 1996; dt. *NLP: was Sie wirklich darüber wissen müssen*, Goldmann, 1997

Joseph O'Connor und John Seymour, *Introducing NLP*, Thorsons, 1990; dt. *Neurolinguistisches Programmieren: Gelungene Kommunikation und persönliche Entfaltung*, VAK, 1999

Hier noch eine persönliche Auswahl von Büchern, die ich hilfreich finde:

Chris Argyris, *Overcoming Organizational Defences*, Prentice-Hall, 1990

James Carse, *Finite and Infinite Games*, Penguin, 1986; dt. *Endliche und unendliche Spiele: die Chancen des Lebens*, Klett-Cotta, 1987

Deepak Chopra, *Quantum Healing*, Bantam, 1990; dt. *Die heilende Kraft: Ayurveda, das altindische Wissen vom Leben, und die modernen Naturwissenschaften*, Droemer Knaur, 1995

Gavin De Becker, *The Gift of Fear*, Bloomsbury, 1997; dt. *Mut zur Angst: wie Intuition uns vor Gewalt schützt*, Krüger, 1999

Lionel Giles (Hrsg.), *The Sayings of Lao Tse*, Murray, 1959

Stuart Kauffman, *At Home in the Universe*, Penguin, 1995; dt. *Der Öltropfen im Wasser: Chaos, Komplexität, Selbstorganisation in Natur und Gesellschaft*, Piper, 1996

Kevin Kelly, *Out of Control*, Fourth Estate, 1994; dt. *Das Ende der Kontrolle: die biologische Wende in Wirtschaft, Technik und Gesellschaft*, Bollmann, 1997

Stephen Wolinsky, *Trances People Live*, The Bramble Company, 1991; dt. *Die alltägliche Trance: Heilungsansätze in der Quantenpsychologie*, Lüchow, 1993

Wenn Sie Einzelheiten über (englischsprachige) NLP-Ausbildungen und die Anwendung von NLP in den Bereichen Wirtschaft, Bildung, Sport, Verkauf und Beratung erfahren wollen, wenden Sie sich an:

Lambent Training, 4 Coombe Gardens, New Malden,

Surrey, KT3 4AA, UK

Tel.: 0044-181-715-2560, Fax: 0044-181-715-2560,

Internet: www.lambent.com.

Oder suchen Sie im Internet unter „NLP" nach deutschen Anbietern.

Über den Autor

Joseph O'Connor ist Autor oder Koautor von neun Bücher über NLP, systemisches Denken und Kommunikationsfertigkeiten. Er arbeitet international als Trainer und Unternehmensberater.

Die meisten seiner Titel sind auf Deutsch beim VAK-Verlag erschienen; diese Bücher erhalten Sie in Ihrer Buchhandlung. Ein kostenloses Gesamtverzeichnis können Sie bestellen unter:
VAK Verlags GmbH, Eschbachstraße 5,
D-79199 Kirchzarten bei Freiburg
Fax: (00 49) 0 76 61-98 71 99, E-Mail: vakbest@aol.com.

Andrew Matthews:
Tu, was dir am Herzen liegt

Dieses Buch zeigt exemplarisch, wie Menschen denken und handeln, die Freude am Leben haben und erfolgreich sind. Es vermittelt mit Witz und Humor, wie man ...

- dahin kommt, eine Arbeit zu tun, die man gerne macht
- sich selbst und die anderen lieben, das heißt akzeptieren lernt
- sein inneres Gleichgewicht findet
- sein Leben meistert, indem man die Verantwortung dafür übernimmt.

142 Seiten, 77 Illustrationen des Autors,
Paperback (15 x 21,5 cm)
ISBN 3-932098-39-0

Doc Childre:
Die Herzintelligenz entdecken
Das Sofortprogramm in fünf Schritten

Stress – auch der so genannte negative Stress – gehört zum modernen Alltag. Die Auswirkungen für Herz und Gemüt sind enorm. Der Autor Childre hat eine Intelligenz entdeckt, die Soforthilfe ermöglicht: die Herzintelligenz.

Möglicherweise gehören auch Sie zu den Menschen, denen nach der Lektüre von Die Herzintelligenz entdecken. Das Sofortprogramm in fünf Schritten ein Stein vom Herzen fällt.

194 Seiten, 15 Abb. sowie zahlreiche Listen und Tabellen,
Paperback (15 x 21,5 cm)
ISBN 3-932098-49-8

David Corby:
Natürlich glücklich
Neuropressur® für mehr Lebensfreude

Glück hat nichts mit Zufällen zu tun. Das Talent zum Glücklichsein ist jedem Menschen angeboren. Das sieht man, wenn Kinder spielen: Sie strahlen eine große innere Freude aus. Im Lauf des Lebens geht diese ursprüngliche Freude jedoch meist verloren. David Corby zeigt, wie man sie mit der Neuropressur® mühelos wieder entdeckt: Das Halten bestimmter Akupressurpunkte setzt Energie frei, die von Stress oder Sorge blockiert war.
Wer die Methode anwendet, öffnet sich dem Leben auf neue Weise und entdeckt die kindlich unverstellte Freude wieder: einfach nur zu sein.

160 Seiten, 15 Abbildungen, Paperback (17 x 21,5 cm)
ISBN 3-935767-86-2

www.vakverlag.de · www.vakverlag.de · www.vakverlag.de